高校科研管理体系及其与科研院所的合作研究

严书亭 ◎著

九州出版社
JIUZHOUPRESS

图书在版编目（CIP）数据

高校科研管理体系及其与科研院所的合作研究 / 严书亭著. -- 北京 : 九州出版社, 2023.1
ISBN 978-7-5225-1637-0

Ⅰ. ①高… Ⅱ. ①严… Ⅲ. ①高等学校－科研管理－管理体系－研究－中国②科研院所－科研管理－管理体系－研究－中国 Ⅳ. ①G644②G322.2

中国国家版本馆CIP数据核字(2023)第025597号

高校科研管理体系及其与科研院所的合作研究

作　　者	严书亭　著
责任编辑	杨鑫垚
出版发行	九州出版社
地　　址	北京市西城区阜外大街甲 35 号 (100037)
发行电话	(010)68992190/3/5/6
网　　址	www.jiuzhoupress.com
印　　刷	北京四海锦诚印刷技术有限公司
开　　本	787 毫米 ×1092 毫米　16 开
印　　张	11.75
字　　数	278 千字
版　　次	2023 年 1 月第 1 版
印　　次	2023 年 1 月第 1 次印刷
书　　号	ISBN 978-7-5225-1637-0
定　　价	58.00 元

前　言

教学与科研是高等教育的双翼，也是高校管理的核心。现在，高校科研管理工作发生了很大变化，研究视界与研究动机的引导、项目经费资助力度与广度的加大、研究团队建设与学科方向的凝练、科学研究的普及与转化程度、科研创新与成果评价的实施等，都已进入一个全新的阶段。因此，高校科研与科研院所的合作也应当根据形势的发展来重新审视。

鉴于此，笔者撰写了《高校科研管理体系及其与科研院所的合作》一书，全书在内容编排上共设置六章，第一章为高校科研管理与体系发展，内容包括高校科研管理的思想、职能、体制和高校科研管理体系革新；第二章从高校科研管理的主客体、活动构建、体系阶段三个方面阐述高校科研管理的核心体系；第三章是高校科研管理的组织结构，内容涵盖高校科研组织层次设置与功能、高校科研管理的传统组织结构、高校科研管理的现实组织结构、高校科研管理的未来组织结构；第四章为高校科研团队建设的管理，内容包括高校科研团队管理理论的构建、高校科研团队创造力的提升、高校科研团队管理的激励机制、高校科研团队建设的对策思考；第五章从高校科研评价体系的价值取向、高校科研评价体系的具体构建、高校科研评价体系的管理机制、高校科研评价体系的实施策略四个方面分析高校科研评价体系的管理；第六章探讨高校与科研院所的合作实践，内容涉及高校和科研院所内部控制体系的合作构建、高校与科研院所合作培养学生的思政教育、高校与科研院所科教融合协同育人的研究、高校与科研院所开展科教融合协同的策略。

本书有以下特色：第一，语言通俗易懂，没有使用生僻的专业理论词汇和晦涩难懂的语句；内容结构明晰，有理论知识和实际应用模块。第二，理论联系实际，全面地对高校科研管理体系及其与科研院所的合作进行分析和解读，从多个方面和角度结合实际状况作出了相关阐述，重视理论联系实际。

笔者在撰写本书的过程中，参阅了大量文献材料，在此向各位学者表达由衷的谢意，因笔者水平有限，书中难免会有不足之处，恳请广大读者提出宝贵意见。

目　录

第一章　高校科研管理与体系发展

第一节　高校科研管理的思想

高校科研管理已经积累了许多丰富的经验，高校科学研究也发生了很大变化。项目经费的资助力度、参与科研的高校教师数量、科学研究的普及程度、科研成果的创新等，都已进入了一个全新的阶段。高校科研管理的原则，应根据今天的形势，重新界定。首先，依靠现代管理，尤其是行政管理的基本规律；其次，依据高校科学研究活动的特殊性；最后，要围绕高校科研管理的最终目的。所有原则要有利于高校科学研究事业的发展，有利于充分调动广大科研人员的积极性，有利于促进科技、教育、经济协调发展，有利于科研资源最优化配置。

一、建立确保哲学社会科学重要地位的管理体制

高校需要建立确保哲学社会科学重要地位的管理体制，从制度上避免说起来重要、做起来次要的情况。要切实落实哲学社会科学的重要地位，就要把哲学社会科学和自然科学放在一起进行全局规划、全程规划、全面规划，整体把握，总体决策，确保哲学社会科学的重要地位落实到师资建设、学科建设、经费投入、氛围营造的各个环节，同时又分工负责，做到职责、权利分明，保证哲学社会科学发展的各项工作有目标、有规划、有要求、有条件、有措施；保证哲学社会科学的研究队伍不断壮大，经费不断增长，水平不断提高；保证“四个同等重要”在高校各项工作中得到切实体现。

二、正确认识和处理学校发展过程中的基本矛盾

高校要以科学发展观为指导，正确认识和处理学校发展过程中的一些基本矛盾关系，促进科研与学科建设、科研与培养人才的共同发展。在科研与学科建设的关系方面，科研

的方向和成果是学科建设的主要标志，学科建设特别是研究方向要根据科研的需要不断调整。科学研究经过长期发展，会形成若干个学科和研究方向，这些学科和研究方向向纵深发展，与其他学科和研究方向的区别愈加明显，形成较稳定的学科和研究方向，这是学科通过分化不断深化的一种形式。在对一个复杂现象的多学科交叉研究、联合攻关中，会形成新的学科和研究方向。

当前，我们需要坚持以科研为龙头，整合、提升传统优势学科，培育新兴、交叉、边缘学科，尤其要大力推动哲学社会科学之间、哲学社会科学与自然科学的相互渗透、相互结合、相互融合，努力构建具有中国特色的哲学社会科学学科体系。

在科研与培养人才关系方面，要坚持科研与人才培养相互促进。高等学校肩负着教学和科研的双重任务。要重视科研成果向教学的转化，在教学中及时反映科研新成果，使科研成为教学改革的动力，促进教学内容和教学方法的更新，不断提高教学质量。科研管理人员不仅要对科研本身进行管理，还要对整个学校的发展，对人才培养通盘考虑、建言献策。

三、正确认识和处理数量与质量、个人与团队的关系

高校要正确认识和处理数量与质量、个人与团队的关系，促进科研水平与人才素质的共同提高。科学研究，数量是基础，质量是生命。没有一定的数量不可能有高质量，没有质量的提高数量也就失去了意义。因此，我们要建立起保证数量、引导和强调质量的评价标准和评价机制。

在个人与团队的关系方面，要充分发挥学科带头人、学术骨干的作用，充分发挥他们把握方向、战略设计、宏观规划、全面协调的作用，改变个体分散、零敲碎打的局面，形成人才梯队、学术团队，形成科研联合攻关的能力。要尊重科研人员独立研究、自由研究的特点，有总有分，有分有合。要加速高校哲学社会科学创新团队建设和学术带头人培养工作，努力造就一批立足中国、面向世界、学贯中西的思想家和理论家；造就一批理论功底扎实、勇于开拓创新的学科带头人，造就一批年富力强、政治和业务素质良好、锐意进取的青年理论骨干。

四、形成有效机制并处理好竞争与合作的关系

我们要通过改进创新，努力在全国高校营造出一种既能统一规划，又能保证科研主体有充分的自主空间；既能促进良性竞争，保证优秀的人才、优秀的成果能脱颖而出，营造

能者上、庸者出的良好气氛，又能形成合作团结、互通有无的健康环境；既能全面关注哲学社会科学的发展，又能有自己的特点、优势、强项，形成有所为有所不为的氛围，促进学校和学科的可持续发展，促进高校哲学社会科学的繁荣发展。

第二节　高校科研管理的职能

为了在一个新体系内真正实现学术繁荣和科研创新能力的提高，高校科研管理应当完成从日常行政管理角色向规范、服务与支持角色的转变。具体而言，高校科研管理职能应当从如下方面进行改进。

第一，建立符合学术自身规律的学术规范，形成科学的评价体系，营造自由宽松健康的学术氛围。首先，在写作、署名、引注、发表、宣传、评奖等环节，对于学术不端以及学术不道德行为进行分类化解，依据不同责任人（如教师或学生、校内或校外）、不同情形（如虚假引用与更改）给予通报批评、撤销学术职务或取消访学、休假、申报项目资格等处分。其次，制定具有可操作性的民主、保密、高效的责任追究机制和处理程序。为此，有必要充实学术规范与学风建设委员会（或类似组织）的组成以扩大机构的代表性、科学设置事件调查的人员与权限，完善争议处理中的回避、听证、会议召集、表决、执行、公开与保密等制度。再次，鼓励学术批评，通过政策支持一批学者创办网站、主办刊物和以学术批评与学术争鸣为主题的学术会议，让规范学术、创新学术成为学界的共识与习惯。最后，加大对学术失范行为的防控与惩处力度。围绕科研项目的申报、中检、结项，科研成果认定、考核、评价与奖励等环节，实行合同管理，强化责任约束。对于争议问题，依照规章，遵循程序，做到调查公开、评议公开与处理公开。

第二，完善科研管理人员的梯队建设，提高科研管理人员的业务素质，实现科室管理的职业化与文明化。除在校级管理队伍中不断吸收硕士生与博士生充实科研管理队伍外，实行校院两级管理体制，承担科研任务的各院、部、所、中心均应当配备专职的科研秘书进行日常管理工作。根据年度科研管理工作的任务与计划进行日常工作与临时事项的细化分解，指标量化后，根据事项完成情况，把其作为进行半年或年终考评的基本依据，此科研量表上的事项应当作为科研秘书年终个人人事考核的一项重要内容。围绕项目申报、中检、结项以及成果评审，邀请校内外社科管理专家进行专题讲座；建立校际日常管理经验学习沟通渠道。在科室管理中实行开放式办公，办公区公开科室职责、岗位要求与人员岗位资料，管理人员持证或佩戴胸卡上班，自觉接受所有办事人员的监督；在处室职能中增加督办督察一项，及时进行相关投诉处理与回馈相关建议。

第三，强化服务意识，增加服务内容。无论是校级科研管理员还是院部级科研秘书，在业务内形成管理就是服务的理念，在服务中进行职能定位、参与学术创新、实现自我价值。首先，完善档案信息管理，依托校院两级管理体制建立两级档案库，根据机构、项目、成果、会议、专家、文件规章、刊物等类别，分级、分层、分事项建立文档库（在校科研处与院部科研办公室建立主档案库，与校图书馆合作建立成果档案库，与人事处合作建立专家档案库等）。所有档案库资料均对管理对象开放，在履行相关手续后可以查询复印。其次，建立校级科研管理局域网，加大投入进行科研管理网络升级改造；跟踪熟悉专业应用软件，聘请专业人才进行网络路演讲解；配备专人进行网站维护管理，负责网页内容日常更新（重要信息的发布、科研会议讲座内容的上传与网上 BBS 的秩序）。再次，建立信息报送与交流机制。通过《科研通讯》等文字平台与科研信息网络平台，经常性地进行校院两级信息报送反馈与校内外、国内外科研信息的共享，包括科研管理规章制度及相关文件的即时上网、学术会议讲座的事前通知与事后材料汇总、管理先进经验与典型案例的筛选、优秀的管理文章的交流研读等。通过与上级管理单位加强联系，利用网络、报刊等平台，即时公布相关成果与成果转化的信息；同时也积极利用校外广泛的科研资源对校内科研团队与人员进行信息传递，加快以项目为纽带而进行的国内外学术资源整合。最后，在涉及成果认定、科研评价以及争议处理的事项上，应当增加民主听证程序、公开办事流程与操作细则，赋予相关人员更多的程序性申辩权利等。

第四，实现科研管理从“过程管理”向“目标管理”的跨越。学校由单科性大学向多科性研究型大学转变的过程中，科研管理的事项与内容也越来越多。应当改变机构管理中重成立轻审查、项目管理中重申报轻中检轻结项、经费管理中重总数额控制轻类别事项把关的局面，将粗放式的事后被动管理转变为可操作的事先目标化管理，在机构、项目、经费、成果等方面先进行处室内部分解，然后在各个教学科研二级单位实现具体量化分解，按照机构的申请成立、年度检查、举办学术会议的备案登记；项目的申报、中检、结项、成果转化，经费的拨付、报销的数额控制与事项审查以及非经常性任务或临时安排等指标，设计年度科研工作指导量化分解表，根据每年的实际工作安排与要求分类科学设置数值，再按照具体情况打分核定。以此作为督导检查与最终评定的基本依据，彻底打破科研管理中不积极的状态，实现动态性的终极效果管理。

第五，支持探索“产学研”一条龙的科研运作模式。哲学社会科学研究是为国家社会

的发展提供思想武器和智力资源，应凭借学校的科研政策支持，渐渐走出一条“产（成果转化与应用，可以表现为市场化的效益）—学（教学与人才培养，现有知识的传播，现有技术的推广）—研（通过科研得到知识系统内的升华与深化）”相结合的道路。此外，通过建立实验基地，开展多种形式的实证研究；通过举办高级研修班等方式密切与实践部门的联系，加速理论研究成果向实务部门与社会生活的转化。在新的科研体制内，管理部门就是应当创造更多的机会让科研机构都能够走出去、打得响。为此，应当加大机构举办国际国内大型学术会议的奖励力度、注重公众媒体的宣传推介以及扩大与行业实务部门社会机构的接触联络，创造机会扩大彼此的合作范围，孕育符合专业要求与课题特征的成果孵化形式；在人才培育、课题选择与研究、成果转化与推介上给予更多的政策扶持，这样的话，必然会在校内各级科研机构内孕育出能够不断循环再生的科研运行模式。

目前学校的科研体制改革正在更广、更深的程度上进行，科研管理职能的转变势在必行。科研管理的终极意义就在于能够创造健康宽松的学术氛围，维护良性的科研运作秩序，并以信息集散、政策扶持的最大化拓展服务渠道与功能。

第三节　高校科研管理的体制

在市场经济体制下，我国高等教育的发展有了很大的变化，同样，高校的科研环境也发生了很大的改变，科研环境的变化对高校科研管理提出了新的要求。各高校、各科研机构对于高端科研项目的竞争日益激烈。科研经费来源渠道增加，国家、各企事业单位在全国招标的科研项目和科研经费日益增多。如何能够在激烈的竞争环境中取胜，如何高效地组建团队、管理科研项目、管理科研经费，如何能够通过有限的资源组合获得更大的效益和效率，这些都急切需要高校科研管理部门创新管理方式。创新高校科研管理方式，可以尝试在高校的科研管理中运用企业中高效率的战略，以增强高校科研的综合竞争力，提高科研管理效率和效益。

一、基于课题制的高校科研管理体制

“课题制是指按照公平竞争、择优支持的原则，确立科学研究课题，并以课题（或项

目）为中心、以课题组为基本活动单位进行课题组织、管理和研究活动的一种科研管理制度。”① 基于课题制的高校科研管理体制完善需要注意以下方面。

（一）建立合理有效的科研评价体系

科学研究的评价方法对研究活动具有很强的导向作用，科学研究有其自身的发展规律，不能急于求成。通过完成科研项目，形成知识和能力的积累，锻炼队伍，凝练科研方向，形成良好的氛围。片面地只追求数量指标，会导致研究的短期行为。因此只有逐渐改变以传统的课题数、课题级别和经费数等为指标进行科研活动的评价方法，改用以知识生产率、知识创新程度和知识存量等为指标，定性与定量相结合的方法，才能使评价更能体现知识创造的规律。

（二）构建课题库和科研人员的信用机制

课题库的建立体现了项目管理以人为本的一面，使各类科研计划信息得以共享。同时，在客观反映每个科研人员从事研究活动情况的基础上，建立个人信用机制，使其从事研究工作的效率和成果成为获得经费资助的重要条件，这样既可以避免各类计划重复立项，提高科研投入的效益，又与公示制度相衔接，直接接受社会的监督。

（三）完善课题制实施的配套制度与条件

科学研究不仅要依靠科技人员的创造性劳动，而且需要尖端的科研设备、良好的氛围、快速获取信息的能力以及与之相适应的配套政策和管理机制。加大对课题制的宣传，使课题组和所在单位明确各自的责权利，规范各自的行为。逐渐放开户籍、人事、分配等制度，使合作研究的系统成本降低。高校作为课题依托单位，要制定与课题制相适应的相关制度和办法。

设立科研财务，可以使科研项目管理与财务管理紧密衔接。设专人对项目进行全程财务监督和管理，改变过去财务事后管理为事前、事中、事后全过程管理，财务人员直接参与项目的申报、过程管理、验收，使财务监督机制真正建立起来。

学校要协调资产、财务、后勤等部门，为课题组建立高效的服务支持体系和宽松的研究环境，减少过多干预。例如，高校数字化图书馆和高效网络建设，使科技人员可以通过

---

①赵丽娟. 高校科研管理的理论与实践探索［M］. 北京：北京理工大学出版社，2019：13.

网络迅捷地获取知识，进行科研设备采购。课题组人员通过网络进行交流和工作汇报，使跨地区、跨学校的合作研究成为可能，节省时间和成本。建立科技网络管理系统，对项目采取实时的动态管理，使科研管理部门、二级单位、课题组各司其职，提高管理效率。

二、基于SCI的高校科研管理体制

作为科研管理和评价的工具，科学引文索引（SCI，Science Citation Index）日益显示出其强大的作用力，越来越受到人们的重视并得到广泛应用。但是SCI也有一定的局限性，科研管理部门应根据自己的实际情况，慎重使用SCI。

（一）SCI科研管理的功能

1. 科研评价方面的功能

SCI数据库在科研管理的应用，始于最简单的测度：被引频次。对研究者个人、论文、期刊、科研项目、地区和国家等所做贡献进行某些客观测度，构成被引频次应用的基础。任何评价都离不开定性和定量。在科学共同体中，科学成果获得承认早期主要是靠同行评议，然而同行评议不能避免一些主观的因素，这时，被引频次就可以提供一些必要的补充。被引频次反映了对有关科研工作的承认以及在同行意见的形成过程中扮演的重要角色。一般而言，被引频次与同行评议之间存在着强烈的正相关关系。但是仅仅用被引频次作为科学质量的测量尺度，存在许多理论上的异议，因此，在被引频次基础上，SCI又发展出一些测度的指标，如影响因子、即年指标等。

SCI提供的引文数据及其他数据，可以对科研机构、国家和地区的科研能力、学术活动进行评价；可以对科研人员进行评价；可以对期刊质量进行评价；对科学学科本身进行评价；对一些科学成果进行评价。

（1）评价国家和地区及科研机构的科研水平。国际上的科学计量机构及国际组织，在对国家或科研机构的科研能力及绩效评估中，常用SCI数据库作为统计源，比较不同国家的科研能力及全面评价某个国家的科研状况。通过对中国科研人员在国际合著论文的合作国家或地区、合作学科的文献数量进行分析，可以探讨中国当前开展国际合作的重要领域、不同学科的国际竞争力，分析合作密切的国家或地区、合作质量较好的学科或专业，以及具有发展前景的合作领域，便于制定我国开展国际科技合作的战略与方针。中国科研人员也利用SCI数据库评价了本单位的科研实力。

（2）评价科研人员学术成就。在科学研究和交流活动中，科学文献与科学家之间存在着必然的内在联系，这使得我们有可能通过科学文献这样一个有形的媒介，利用文献计量学的方法去评价人才、选拔人才。科学计量学研究表明，作为一个科学家，在正常情况下，一年大约发表 4 篇论文，这些论文有近 1/4 在发表之后无人引用。通常，若一篇论文每年被引用 4 次或 4 次以上，则可以列为“经典文献”。因此，可以利用 SCI 数据库中科学家发表文章的被引频次，来评价某科学家的贡献，也可以评选杰出科学家。

一般而言，诺贝尔奖获得者的著作被引频次，为他们所在领域文献平均被引频次的 30 倍。同时，被引频次高的科学家也都获得了相应的荣誉，几乎都得到了科学共同体某种形式的承认。不过，由于科学引证行为复杂，且存在理论上的异议，如果只是根据被引频次这一个指标，就下断言，是不谨慎的。

（3）评价期刊。SCI 数据库提供的信息，不仅可以用来评价著者和论文，也可以用来评价期刊，这种信息以“期刊引用报告”（JCR，Journal Citation Reports）为名，作为 SCI 的一部分予以出版。JCR 提供下列数据：每种期刊如何经常地被引用；发表了多少篇论文；每篇论文平均被引频次，即“影响因子”；每篇论文在它发表当年的被引频次，称为即年指标，即当年引用指数；与每种期刊的参考文献相应的来源期刊，每种期刊所得的参考文献数量，以及它们按照被引期刊的出版年的分布情况；每种已出版期刊的参考文献的数量，参考文献引用的期刊，以及参考文献按照被引期刊的出版年的分布情况。SCI 的统计分析表明，不同学科期刊的影响因子和总共被引频次差别很大，与不同学科的引证行为（如论文中参考文献数目、论文被引半衰期等）有关，也与不同领域研究群体和相关期刊数目的大小密切相关。通过期刊的各项引证指标及期刊的自引、他引情况，期刊的编辑和编委可分析特定期刊的学术地位、读者群的学科分布及与其他同类期刊间的关系等。研究人员也可以根据自己领域的期刊的影响因子的排序，很快确定本领域的核心期刊。但是利用 JCR 的数据必须仅应用于适当的场合，并且必须在所要作出决策或待论证假设的框架中进行解释。SCI 在确定期刊与期刊之间、期刊和研究领域之间的关系上，也有很重要的作用。

（4）评价科学学科本身。科学学研究就是要对科学和科学学本身进行研究和评价，得出科学发展的规律。对于把科学作为一个系统来研究的人员而言，科学结构是一个有吸引力的研究课题。利用 SCI 和引文分析法，可以研究科学结构，研究科学的静态结构、动态结构和超结构。

其他学科的科研人员也可以利用 SCI 进行本学科的评价，跟踪国际学术前沿、认定进展突然加速的研究领域，以及确定导致重大科学进步的进展次序。利用 SCI 提供的分析工

具，归纳总结出相关研究领域在不同年份的发展趋势、某个特定的课题都分布在哪些不同的学科中；同时这些分析结果能以可视化的图形表现出来，并且会标注出相对应的分析数字、百分数。通过这些基本面的分析，可以对学科的发展趋势有一个宏观的把握。利用SCI进行科研评价的方法也在不断地发展，如利用 h 指数、g 指数及引文网络中的中心性指数来评价各种成果。

2. 科研预测方面的功能

如果科学文献反映了科学活动，那么科学文献的被引频次就能够为观察这些活动提供一个有趣的窗口，通过该窗口能够向社会提供有关重要的、新的交叉学科关系的早期预警。特定学科领域的单篇论文或数组论文的被引频次，也被用来鉴别特定的研究领域。

普赖斯利用SCI的数据绘制了一条平均被引频次曲线，该曲线可以用于发现被引频次较高，而且增长迅速或持续增长的数组论文的基线。通过被引频次还可以预测未来的诺贝尔奖获得者，以及诺贝尔奖最可能出现在哪个研究领域。通过对科学结构的研究，揭示重要科学发现的内部联系，描绘出科学发展过程的多方面情况，预测科学技术的发展方向，从而更好地发现当采学科，节省科研人员的时间，提高科研的效率。

3. 科研决策方面的功能

被引频次提供了一种客观有用的测量科研质量的工具，具有某种深刻的含义。例如，政府机构试图利用SCI增进它们的能力，借以确定科学发展的现状，从而制定出正确的科学方针政策，从整体上合理配置科研资源。例如，意大利国家研究委员会利用SCI收集了与各种科学方针决策有关的生命科学的情报。在对工程前沿的研究上，利用SCI可以得出的工程前沿领域和国家中长期科技规划所列出的重点领域，从而在今后的科学研究中，可以把SCI作为科学计划和决策的参考依据。SCI的检索、统计、分析、对比功能为科研管理与决策部门进行学科规划、人才引进、科研工作总结提供了有效的素材。

4. 科研创新方面的功能

有效的科研管理关键在于建立和健全管理创新体系。SCI的编制本身就是个创造性的发明。实际上引文索引本身就为发明和发现的过程提供了一次案例研究。因为索引编制的复杂性质和复杂程度依索引的范围不同会有所变化，引文和引文关系处理得最好的是SCI，它的范围比任何科技文献索引的范围都要广泛得多，所以它提供了一种不受学科界限制约、全面观察科技文献的能力。同时，由于SCI的范围大、内容广的缘故，很少见到其他的科学文献引文索引出版。

由于SCI内在的逻辑体系和逻辑关系具有创意的检索思维模式，许多索引都是在SCI

数据库基础上编制而成的。正如SCI得到了《谢泼德引文》模式的启示一样，《谢泼德法律评论引文》也得到了SCI模式的启示。SCI数据库为科学计量学领域的科研人员提供了广阔的研究平台，可以从中发现许多新的研究领域和富有价值的研究课题。SCI数据库所能提供的被引频次和影响因子也引发了文献计量学中的一些新的研究领域。

（二）SCI科研管理的局限性

1. 引文分析本身的局限性

尽管SCI提供的引文分析数据作为评价学术成果的依据具有较大的可信性和科学性，但也存在着基本假设不够严密的不足。引文概念是建立在这样一个基本假设之上的，即论文作者吸收利用了参考文献（被引用文献）。但由于引用文献动机的复杂性和多样性（如假引、转引、反引、虚引等），这一基本假设不够严密，所以完全建立在引文分析基础上的SCI的评价体系存在一定的不确定性。引用行为动机的复杂性、漏引现象的存在、引用率在不同学科之间的不可比性、某些论文获得较高引用率在时间上的特殊性、同一学科的多个子学科在引用情况上可能具有较大的差异性等，使得SCI的统计数据并不十分令人信服，其评价结果并不是绝对准确和公平。

2. 数据的局限性

SCI收录的来源期刊在学科、地域、语言上具有不平衡性。SCI多注重收录基础研究的成果，而对应用技术类研究成果收录相对较少，造成了收录学科的不均衡。SCI是由美国科学信息研究所主办，它所收录的科技期刊中，美国的期刊几乎占了一半，而其他国家和地区的期刊就很少；大多数期刊都是英语期刊，其他语种收录很少，这对非英语国家的科学交流都有一定的影响。SCI的编排和处理规则不一致，有些单位互相归错，有些单位用不同的名称或同时用简称和全称，再加上经常出现期刊排印错误、信息传输过程和录入时出错等问题，这都可能影响检索数据的准确性，使SCI在进行科学评价时具有一定的局限性。

（三）基于SCI的高校科研管理对策

第一，大力宣传SCI的科研管理功能和原理，拓宽使用者和科研管理者的视野。一种好的工具，要想发挥其作用，必须有好的使用者。要使科研管理者明白SCI的功能，合理利用科学引文索引在科研评价方面的作用，提高科研活动的效率。提高认识是利用好SCI的重要前提，各高等院校和研究机构的科研管理部门和信息服务部门应广泛收集SCI有关

资料和信息，如 SCI 收录的期刊目录、SCI 期刊的影响因子等，并让科研人员及时了解。定期举办引文索引和文献检索等方面的专题讲座，以普遍提高科研人员引文知识水平。不能滥用 SCI，辩证看待 SCI 的作用，慎用激励政策。

第二，SCI 作为科研评价的一种工具，较适用于宏观和中观层次。作为对国家、地区、研究型（综合性）大学之间科研实力的比较评价是合适的。但在较低层次，如把不同学科、不同学科的科技工作者放在一起，用同一个标准去评价是不合适的。所以在使用 SCI 做评价时，一定要坚持同类相比的原则。否则，将会有损于那些期刊数较少、被引频次总体水平较低及一些重要的冷门学科的正常发展。特别是用 SCI 对科技工作者个体做评价时更要慎重，不然将会导致人才评价畸形，科研工作偏离正常轨道。单位内部的科研评价，要注重完善综合的评价指标体系。对于科研成果评审，我国最终应该建立起专家评审和科学引文计量相结合的制度，尤其是建立起以同行专家评审为主，科学引文计量为辅的制度。

第三，对于期刊评价而言，由于学科特点不同，SCI&JCR 的影响因子分布极不均衡，各学科重要期刊的影响因子差异较大，没有可比性，因此不能将影响因子作为不同学科、边缘学科和多学科期刊之间评价的重要标准。因此，用 SCI&JCR 来评价科技期刊，只适用于某一学科期刊的评价，对于边缘学科和多学科，还要以同行评议为主。结合国情，对期刊进行动态评价，走“本土化”的期刊评价道路。科技期刊评价体系的本土化是科学技术发展成熟的重要标志。严格期刊标准，与国际惯例接轨，利用网络、电子出版等现代化手段，提高我国科技期刊的国际交流与传播。

第四，充分理解引文分析方法，合理使用自引指标。就像使用任何方法一样，引文分析的结果的有效性与运用引文分析的技巧是高度相关的。引文计数的简明性掩蔽了与引文统计相关的很多敏感性问题。忽略这些敏感性问题的肤浅的引文研究，往往会产生严重误导。正确的引文研究要求充分了解进行被引频次比较时的各种错综复杂的情况，处理那些被引频次不特别高的情况时，尤其应当如此。对于自引的情况，要综合运用文献自引的测度指标、划分合理自引与过度自引，加强学者的科学道德建设。

第五，借鉴 SCI 经验，合理运用自己的科学引文索引，对我国各类文献数据库加以重组、加强和完善，使其成为广大科技工作者与管理者的重要工具。

三、基于团队式的高校科研管理体制

高等学校是国家基础研究的主力、高新技术研发的重要方面、成果转化与产业化的强大生力军，它既有学科优势，更有人才优势，科研团队建设是高校加强学科建设、增强学术实力的根本措施，是促进学科发展的动力，也是促进科学研究、学科建设与人才培养有机统一的有效手段和组织形式。因此，对高校科研管理部门而言，如何进一步加快建设科研团队，加强科研团队管理，提高科研绩效是紧迫而需要深入研究和探讨的重要课题。

（一）高校建设科研创新团队的作用

高校科研工作在我国建设创新型国家的进程中发挥着不可替代的重要作用，建设科研团队是高校人力资源管理和优化配置的重要内容，是形成优秀人才团队效应和当量效应的重要举措，是科技创新、知识创新的重要基础，也是国际科技、经济竞争的必然要求，其重大意义和重要作用是不言而喻的。科研团队建设和管理对高校优化学科资源、提高科研绩效、促进高层次人才培养、营造良好的科研环境等方面具有重要的作用。

1. 优化高校学科资源

高校科研工作存在着规模较小、力量分散、队伍整合比较困难、不易形成合力等问题，而且高校与高校之间、高校院系之间、实验室之间和研究人员之间，科技资源相互封锁，开展多学科交叉研究面临多方面的困难。科研团队建设为形成较为齐全的学科体系，为学科交叉、渗透、融合提供了可能。从优化配置相关学科的优质资源角度出发，在学校内部，打破原有的封闭局面和学科界限，有组织、系统地整合现有学科资源，培养和造就高素质科研团队，能够充分发挥群体优势，形成设备和人力资源的有效凝聚，建立全新的合作、运行、共享和交流机制，通过争取和承担重大科研课题，培养团队精神和产生具有显示度的、前瞻性的研究成果，营造良好的科研氛围，提高高校科研水平和能力。

2. 提高高校科研绩效

只要称之为科研团队，必须是高绩效的，这是团队的价值所在，低效平庸的学术群体不是真正意义上的科研团队。科研团队由于有合理的组织分工、明确的目标、任务和适度的工作压力，有助于团队成员的相互交流、沟通、学习、合作和工作协调，便于相关学科知识、信息的集中和共享，便于资金、设备、工具和其他条件的合理配置。科研人员在这种精力高度集中、容易受到启发、既有激励又存在一定压力的特殊情景下，最容易产生特别的创新绩效，能够比个体更多、更快地获得信息，能够想到个体所不能想到的问题、做个体所不能做到的事情、适应个体所难以适应的环境变化、达到个体所不能达到的创新高度，能够产生集聚效应。换言之，科研团队通过成员的共同努力能够产生积极协同作用，使团队绩效水平远高于个体成员的总和。因此，通过科研团队的建设，才能达到团队成员

的智力整合、知识共享，提高科研水平，增强科研实力。

3. 促进高校高层次人才培养

科学研究和学科建设要上水平、上台阶，关键是人才。只有掌握人才队伍建设这个根本，才能促进科学研究和学科建设的发展。因此，学校的科研投入应着力提高科研团队申请承担重大研究计划的能力，科研团队只有承担重大的科研项目，充分发挥每个人的潜能与价值，才有可能产生高水平的成果，才有可能使自身的学术水平和人才培养质量有水平、上层次，才有可能建成一支高水平的学科队伍，使高层次人才和其他层次人才相互依存，上下承接，有利于人才大量涌现、健康成长，在高校形成鼓励人干事业、支持人干成事业、帮助人干好事业的良好环境，进一步加大高层次人才培养的力度。

4. 营造良好的高校科研环境

宽松环境的创造、特殊政策的支持，是科研团队发展的必要条件。为科研团队营造宽松的科研环境和自由探索的学术空间，可以促使学者自身更快速、健康地成长。科研人员如果不参与团队工作，个人的认识往往具有局限性，在学术探究、追求真理的认识过程中，也没有机会敞开胸怀，自觉容纳他人的批评，因而容易产生学术上的武断作风和片面性观点。科研团队建设能使大家在平等、民主、自由、活跃的学术气氛中，对学术问题进行交流讨论、比较参考、批判创新和融化组合。通过激烈的辩论，依靠紧密的团队协作，科研团队就可以开展创新性研究，出创新性成果，有力地推动科学研究的发展。

因此，高校要努力改善科研工作者的工作、生活环境，同时要尊重科学家在科学领域的自由研究，尊重个人的特殊禀赋和个性，遵循科学研究的特点与规律，培育不浮躁的学术氛围，让科研工作者潜心研究、厚积薄发。尤其要提倡对科学研究的宽容态度，兼容并蓄，以创新精神论英雄，鼓励人才敢为人先，营造适宜科研团队发展的生存环境与气候。

5. 探索高校基层科研组织改革

高校的教学、科研的基层组织根据高校职能的拓展而不断发展变化，从教研室到学科部、研究室，随着科学技术的发展，以往分散自发的小型的科研和教学形式都已经不适应现代的发展，只有组成团队，才能真正提高学校持续发展的实力。从组织学的角度看，科研团队是一种多功能性组织，具有研究职能和学习型组织的特点，是一个需要不断学习、不断创新的组织。高校通过建设持续学习型组织——科研团队的建设，在一定程度上能够打破原有组织和学科界限，积极探索跨学科、跨单位合作的科研组织形式，提倡科研组织的多样化，建构科研团队，提高科研队伍科研能力，实现科研人力资源和物力资源及信息资源最为合理和有效的配置，使科研团队能够成为推动学校提高科研竞争力，保持科研工作后劲十足的有效的组织形式。

（二）高校建设科研创新团队的注意事项

高校科研团队建设的目的就是针对我国科技、经济和社会发展的需求和国际科技前沿领域，集成和发挥高层次创造性人才群体优势来提出和解决问题，不仅要提高承担重大项目的能力，出更多的原创性科研成果，更要注重学科发展和人才培养，发挥集成优势，提升学科建设水平，支撑学科建设发展。目前，我国许多高校都推出建设科研团队计划，对此有非常高的热情和积极性。高校科研团队的建设是一项复杂的系统工程，在以下方面着力才能真正达到预期效果。

1. 创建学习型的高校科研组织

从未来发展趋势来看，个人和组织的学习速度和能力已成为可持续竞争优势的源泉。科研团队一旦建立了学习机制、组织内知识共享和群体的集体修炼，就具有了自觉培养和不断提升核心能力的能力，最终将形成可持续发展的优势和竞争能力。事实上，一些研究实力强、成果多、注重组织文化建设的科研团队都带有学习型组织的特征。科研团队更应该成为学习型组织，永不满足于现状，不断汲取人类知识宝库中的精华充实自身，大胆自由探索和自主创新，在科学研究中不断自我超越和创新，不断创造、吸收、传播和普及新知识、新观念和新方法，并能据此进行应用创新，及时调整行为，按照新的标准要求行事并善于捕捉信息，适应变化，不断培养并形成核心能力，使组织始终保持向上的活力，逐渐形成良好的学习氛围。

2. 充分发挥领导人物的带头作用

选择合适的科研团队领导者，是科研团队能否取得高绩效成果的决定性因素。科研团队的领导者，不仅应有深厚的业务基础，学术水平在国内同行中具有一定的优势，对相关科学领域有广博的认识，视野开阔，洞察力强，具有把握学术方向的能力，对国家发展的需求要有战略眼光，能凝练出重大课题并围绕其开展研究工作，进而取得重大创新科研成果，而且在管理方面要有坚强的领导能力，极强的亲和力和组织能力，良好的人际交往及沟通技巧和能力。所以，在科研团队建设中，团队领军人物是团队科研活动的领导者和组织者，是科研团队的核心，肩负着科学研究、队伍建设和促进科研工作发展等重要任务。一个优秀的带头人，不仅能带动一个团队的发展，而且对整个学校科研工作的发展也起着至关重要的作用。科研工作能否真正及时、有效地完成，能否出高水平科研成果，在很大程度上取决于带头人所具备的素质和能力。高校要想在竞争中占有优势，就必须采取积极

措施，营造良好的环境，优先培养出一批团队的科研带头人，从而带动团队科研实力的提高。

3. 分类建设的同时发挥学术与学科优势

高校科研工作从活动类型上而言，包括基础研究、应用研究、试验发展、研发成果应用以及科技服务，从所属学科来分，包括理、工、农、医、人文社会科学以及管理等，而且服务对象几乎包括所有的国民经济行业，因此，在高校中建设科研团队决不能简单化，不能以一个条件和模式来要求和建设。各高校要根据自身的实际情况，在分析本校科研工作中的优势和劣势的基础上，有的放矢地按照不同的建设标准分类建设科研团队，这样才能最广泛地调动科研人员的积极性，从而发掘科技潜力，整合科技资源，实现建设科研团队的目的。根据我国高校的实际情况，团队可以按照科技活动的类型、所属学科、某个具体的科技活动指标和科技服务的对象进行分类，建设的标准也要根据不同的团队类型具体确定。另外，要按照有利于发挥本校学术和学科优势，有利于多学科交叉、队伍整合、横向联合、资源共享的原则，建立跨学科、跨学院的重大重点研究项目的管理机制，鼓励强强联合，形成一批有战斗力的科研团队。

4. 以重点建设学科与创新平台为依托

在高校建设与发展中，重点学科是提升学校地位和确保高校可持续发展的关键。科研基地，如重点实验室、工程技术研究中心等，是从事科学研究的重要平台，是承接和完成科研项目、发展学科、开展高水平科学研究的依托，在科技工作中发挥着极其重要的作用，有助于锻炼和促进科研团队的成长。重点学科和科研基地比一般的科研组织具有更多的优势，承担国家和省部级科技项目比较多，研究方向相对集中，国际学术交流广泛，学术氛围浓厚，普遍具有吸引一流人才的条件和环境，为科研团队的形成提供了基本条件。因此，只有依托于重点学科和科研基地建设科研团队，才能真正实现科技资源的凝聚，才能切实有效地开展高水平的科学研究工作，才能在科研基地的平台上锤炼创新团队，使科研团队具有可持续发展的活力和生命力。

5. 着力建设与培育高校科研团队

高校科研团队应该是高投入、高产出的科研组织形式，应制定高校团队建设计划，鼓励形成科研团队，并给予重点支持，但在建设过程中不能操之过急，一定要严格按标准，循序渐进。同时要不断改进管理办法，培育其在科研实践中成长，在重大科研项目研究中培养和锻炼队伍的创新意识、科研水平、管理能力和强烈的团队精神，实现知识与科技的创新，产生高水平的成果，从而加强科研团队建设，提高综合实力，形成一个结构合理、团结高效的科研团队。通过重点项目的研究，团队中的每一个成员在深化基础理论、强化创新性思维、提高高新技术研发能力、多学科交叉的重大项目各环节的把握等多个方面得到很好的锻炼，不断提高队伍的科学研究能力、学术水平和整体素质，从而保证这支核心队伍的稳定和持续发展。

6. 重视团队文化建设，培养团队精神

在科研团队建设中，培育有利于科研团队成长的文化氛围，是科研团队得以生存并取得成功的关键。团队文化是科研团队赖以生存和发展的土壤，只有在一定范围和程度上形成团队文化，科研团队才会有传承、发展的根基。科研团队文化建设就是要树立以人为本的理念，提倡资源共享、公平竞争、开放流动与合作攻关，鼓励和保护先进，崇尚科学的批判精神，形成民主、平等、自由探索的学术氛围，营造宽松的科研环境，使高层次人才不断汇聚，学科交叉渗透不断加深，标志性、创新性成果不断涌现，科研团队真正成为团队成员充分展示自己的学识与才华的创新平台。团队精神是团队在共同目标的指导下基于其成员的共同利益，通过一系列科学的管理机制和组织文化、价值观的感染与熏陶所形成的一种积极向上、鼓励创新、宽容失败、拼搏进取、顾全大局、真诚合作的健康的思想品质。团队精神是研发工作顺利进行的内在动力，是全局意识、合作精神、服务精神、奉献精神的集中体现，在很大程度上决定了团队成员能力的发挥和工作效率的高低。

（三）基于团队式的高校科研管理建议

高校的团队内部管理及运行机制是科研团队成功发展的关键。任何一个组织，如果没有相应的组织制度，其成员就会成为毫无凝聚力和战斗力的一盘散沙，如果没有科学的工作制度，其成员工作就无章可循，工作任务就不能按计划完成。由于科研团队所担负的科研任务艰巨复杂，所处的工作环境也复杂多变，有了较为完善的各项制度，才能使整个科研团队的工作始终处于有序运转状态。因此，对于科研团队来说，应加强制度建设，保证建设成效。

1. 优化激励机制

科研激励机制能激发科研团队与科研人员对科研工作的主动性和积极性，保持科研团队旺盛的生命力和强大的吸引力，推动科研团队的工作顺利开展，促使科研人员刻苦钻研，充分发挥自己的才智，获取更丰硕的研究成果。高校应根据自身的特点，坚持绩效优先，强化科研项目完成的质量和成果水平，建立并完善调动广大教师积极投入科技工作的激励机制和运行机制，充分调动广大教师的科研积极性，确保学校科研工作可持续发展。

同时，在岗位津贴、工作量考核、职称评定、住房等方面对科研团队给予优惠政策，也要注意通过激励政策营造良好的学术氛围，改变过分强调成果数量、只按科研成果数量分配资源的考核政策。

2. 完善评估机制

加强团队建设的管理，确保团队建设取得成效，要建立一套严格的评估机制，对科研团队实行动态管理，掌握及时调整原则，引入竞争机制，采用滚动式资助建设模式，建立完善的管理体制和顺畅的运行机制，使其在竞争的环境中成长，只有这样才能真正锻炼出高水平的科研队伍，培养出团队精神。同时，利用科学的评估机制，既可以定期对科研团队进行评估，又可以促进科研团队不断提高科研水平，而且还能促使科研团队总结经验，找出差距，及时采取改进措施，加强团队建设和管理。另外，评估指标应考虑学科差异，体现全面、客观、公正原则。

3. 健全目标管理

高校科研团队的目标对科研团队的科研工作具有指导作用、推动作用，它不仅掌控科研团队科研工作的方向，也是激发团队科研人员积极性、创造力的动力，是提高团队凝聚力的促凝剂，它能够确保整个团队始终围绕既定目标，不偏离方向，又能通过远大的目标增强团队成员对自身团队角色和团队整体的认可度，从而调动团队每一位成员的积极性，激发团队成员的创造欲望。高校科研团队实行目标管理，其科研工作就能沿着正确的轨道顺利前进，不断补充新的优秀人才，始终保持创新团队的生命活力，使科研团队的建设真止成为高校发展的新动力和新增长点，推动教学、科研、学科建设跃上新的台阶。

4. 增加学校的支持力度

科研创新团队建设过程中，应得到高校及相关专家顾问的指导和必要的帮助。如科研创新团队建设之初，学校给优惠政策，在经费投入、实验室仪器设备配备等所需物质条件方面给予适当倾斜，并加大对科技成果的奖励力度。科研管理部门帮助理顺团队内部及外部的关系，建立与团队相适应的行为规范、奖惩措施等规章制度，形成一种激励与约束并存的制度，促使成员围绕团队的共同目标形成团队的协作精神。

四、基于系统论的高校科研管理体制

现代社会中，任何活动的成功都离不开有效的管理，良好的管理是迈向成功的关键。要想提升高校整体科研水平，必须推进科研管理体制的创新与改革，向管理要绩效。然而，高校科研管理究竟应怎样创新却是一个值得深入探讨的问题。科技人才、科技资源、科研项目、科研成果、科研管理工作者等是高校科研系统的重要组成要素，它们之间的协调与配合以及组织结构如何，是系统能否运行顺畅的关键。

所谓系统是指各要素经交互影响、长程相关、反馈调节等活动而构成的具有特定功能的整体，这里，要素、结构、功能、环境是理解系统的四种规定。在这种系统思维的视野里，管理并不仅仅只是活动过程，更是一个组织系统。在这个活动系统中，管理者将各种资源有机整合在一起，并考虑到诸如政策、法律、文化等环境因素影响，通过对这个系统的信息等进行传递、交换、反馈、协调与控制而实现管理目标。系统具有层次结构性，即其中包含有子系统等。就科研管理而言，高校科研系统是国家科技系统中的一个子系统，它既具有相对的独立性，又受到高层次系统的环境制约。高校科研系统是指由与科学研究、技术创新、成果转化等相关的人员、资源、机构等组成的网络系统。系统的构成要素包括高校教师和专职科研人员等科研人才群体、科技资源、科研课题、科研成果、科研管理工作者等，它们都是这个网络系统的网上枝节；这些要素通过特定的组织结构而实现科技创新、服务经济、发展社会的功能。科研系统的外在环境体现为学校整体的思想政治状况、学术氛围、人事政策以及各种激励和约束机制等。如果人、财、物等科技资源在一个高校科研系统流转顺畅，则说明这个系统运转平稳，处于协调发展势态中；反之，就是系统失效，它一旦步入良性运行轨道，就会结出丰盛的科研成果。

（一）高校科研管理系统的主要组织结构

组织结构就是组成系统各要素间关系的总称，即它们之间是采用何种方式进行物质、能量、信息的交换。组织结构的完善程度，在很大程度上决定着系统要素能否协调一致、人财物是否循环顺畅，从而影响着工作绩效的提高、管理目标的实现。

长期以来，我国高校的科研组织结构都是自上而下的垂直式结构。在这种管理结构中，校科技处是全校科研管理活动的唯一职能机构，它上受主管科研副校长直接领导，下集科研项目、经费、成果管理于一身，权力相对集中；而作为科研活动承担主体的各个院（系）则显得能动性不够，只是被动地接受并完成各项科研任务，这是一种与传统计划经济体制相适应的集权管理结构，这种组织方法的优点是简单明了、直接完整，并因以行政手段方式下达命令而有利于实现统一领导；缺点是信息单向流动，上下级之间的反馈交流不够。由于它们之间只存在命令与执行关系，因此并不能充分调动各院（系）及广大科研人员的工作积极性、主动性和创造性。

以上这种管理体制在高校科研发展的起步阶段发挥过巨大作用，但随着市场经济体制

的确立，其机制僵化，条块分割等诸多不足开始显露，这制约了高校科技的发展活力。顺应当前高校内部管理体制改革形势，一些高校开始降低科研管理重心，实行校、院（系）二级管理体制，它通过将科研管理权力的适当下放来提高学校科研绩效。

采用分权管理，可以促使各基层院系结合自身条件与实际情况，进行自我激励、自我约束，以充分激发广大科研人员的科研热情，并使其个人潜能得到深挖掘。但需要注意的是，分权与集权之间存在辩证统一关系，过度的分权与集权都是不足的，必须在它们之间维持某种张力与平衡。

实施校、院（系）二级科研管理体制的思路是正确的，而新的网络型的组织管理结构取代原有的直线型结构正是这种改革思维的体现。在网络型组织结构中，校科技处处于中心位置，它通过适当地下放科研管理权力至各二级学院来抓大放小，从而实现宏观调控、微观灵活的管理方式，这种新型组织体制中，科技处的主要职能是根据国家的宏观政策和经济规划，结合本校的科研现状和实情，制订学校的年度或中长期科技计划，并将计划任务分解而下达至各院（系）；在计划执行过程中，负责加强各院系、各部门之间的联系、协调与控制工作；同时建构有效的科研评价体系，全面负责各院（系）的年度科研绩效考核工作。而各二级学院则必须建立激励与约束机制，通过责权利的结合来调动广大教师和专职科研人员的积极性，使他们实现从“要我做科研”到“我要做科研”的转变，以争取多出成果、早出成果。

（二）高校科研管理系统要素间的协调与配合

1. 公平、公开、公正、合理配置科技资源

高校是国家创新体系的重要组成部分，我国正不断加大对高校科研的投入。当前，我国大多数科技项目均采取招投标方式进行竞争，这在较大程度上保证了科研经费提供给最优秀、最有发展潜力的科研人员和团队。可有些高校在校内科研基金的分配上有一些不足，如部分学术权威由于其雄厚的前期积累而导致“马太效应”① 的产生，这些人往往能获得较多资源，使得其他一些具有较强科研能力的青年教师或优秀科研人员得不到有效的经费支持。长此下去，学校的科研发展将失去优势，到最后显得缺乏持续发展的后劲。因此，应该注意将有限的科技资源获得优化配置、实现成果最大化进而解决相关问题。

2. 以人为本的进行科学管理科研人才

广大教师和科研人员是高校科技活动的主力，也是高校科研系统中最为活跃的智能性

---

①马太效应，即一种强者愈强、弱者愈弱的现象。

要素，他们的积极性能否得到完全发挥是高校科研实力能否发展壮大的关键。

组织中人的活力，将决定着群体的成败，因此，应小心翼翼地关照人的态度，因为态度决定着人的行为，由此可见，以人为本，人性化的管理是提高系统运行效率的正确途径。以人为本的高校科研管理是指在科研管理中，将人置于管理的核心，确立人的主导地位，通过卓有成效的管理活动来调动科研人员和科研管理人员的积极性、主动性和创造性，以保证科研工作目标的实现，同时，致力于人的发展，积极创造条件，努力促使科研人员和科研管理人员全面而自由的发展。因此，对于广大科研人员，我们必须通过激励人、关心人，尊重人的价值和能力，以感情联络为纽带来实现以人为本的管理，并最终激发广大科研人员的精神潜能。

3. 全面贯彻“法德并治”的原则

在科研管理中引入“法”的管理，全面贯彻“法德并治”原则。通过结合国家宏观科技管理政策法规，制定并完善各种学校内部科研理规章制度，以切实提高学校科研绩效。在制定各种校内科研制度时，要充分体现激励与约束、权利与义务、利益与责任的统一。通过立法，有利于对广大科研人员的活动进行正确引导，可以帮助他们确定研究的预期目标，减少各种冲突和不利因素，顺利完成科研任务，并最终降低科研管理成本而实现管理的效益目标。

激励机制可以以物质利益为主、精神荣誉为辅的原则做导向，通过加大对科研成果和优秀人才的奖励力度来调动他们的积极性、创新性和工作热情，为广大科研人员的脱颖而出提供物质保障；约束机制的核心则是考核评估。我们必须通过定性和定量考核相结合的办法，建立起科学合理的科研工作和学术成绩考核评估体系和办法，以约束促激励，推进学校科研的全面发展。

4. 加强科研管理人才及队伍建设

高校应加强科研管理人才及队伍建设，努力提高服务科学研究的水平。一个称职的科研管理工作者，需要具备优良的决策能力、判断能力、分析能力、表达能力和语言才能。因此，切实提高科研管理人员个人能力与从业素质是提高管理绩效的关键。

当前，高校在行政管理人才的使用方面存在一个“误区”，即出现所谓“双肩挑”现象，把在专业研究领域内有能力的教师提升到行政领导岗位上，使这些人身兼科研、教学、行政三职。诚然，这显示了高校对科学家的尊重、对知识的景仰、对人才的爱护，但有“行政权力学术化”之嫌，学术成就成了个人晋升的重要筹码。同时，这对一部分因此而失去提升机会的专职行政管理人员而言是不公正的，其积极性定会受到挫伤。术业有专

攻，好的科研工作者并不一定就是出色的管理者，这些教师整日忙于各种事务性工作，严重挤占了他们的科研时间。这是对人才的浪费与误用，与专才专用的科学用人理念相悖。因此，行政管理走向职业化，用专业的科技管理人才取代双肩挑行政干部是高校管理体制改革的必然出路。

5. 注重自主知识产权的保护

高校人才荟萃、思维活跃、创新能力旺盛，被誉为“知识摇篮”。然而，拥有庞大且丰富的人力资源的我国高校在自主知识产权的培育、获取、应用以及保护等方面仍显稚嫩，故高校自主知识产权管理亟须加强，应该把它当作工作的重心，通过建立完整的知识产权发展规划体系来充分发挥高校在当代经济发展中的“科技创造源”功能。知识产权管理具有复杂性、系统性和变动性特点，牵涉到整个科技活动的方方面面，所以，知识产权管理机构在日常事务工作中离不开科技处、产业处等校内相关部门的协助。只有协调好这几个部门的关系，做到职责分明、分工负责、各司其职，又相互支持，才能切实保护好本校自主知识产权。

第四节　高校科研管理体系革新

当前，我国越来越重视发挥科教的创新作用。近年来，虽然我国的高校科研工作取得了很大的进展，在科研管理体系方面也有了一定的进步，但是在一些观念与创新方面还存在一些不足，整体上并没有形成较为完善和规范的科研管理体系，从而造成我国高校科研成果进展缓慢，无法充分满足当前科研需求。因此，通过多种方式构建创新的高校科研管理体系，对于解决高校管理工作体系中的问题，创新高效的科研成果有重要的意义。

一、革新科研理念与体制

（一）革新科研理念

在高校的整个科研创新中，只有理念的创新才是整个高校科研管理体系创新的源泉。对于高校的许多学生与教师而言，之所以没有在高校的科研中取得更高层次的成果，究其主要原因就是没有意识到当前我国高校科研管理中存在的一些不足，即使有一些学者与专家意识到了这个问题，也没有进行深入的剖析。随着知识经济时代的到来，许多高校教师意识到相关科研创新的问题，但是受到我国高校传统思想的影响，以及长期以来在科研工作中形成的习惯，在意识上没有得到很大的改进，因此，要想改变整个科研管理体系的现状，就要先从思想方面着手。

高校的领导者要紧紧跟随时代的步伐，定期让教师人员进行培训与学习，让整个高校的教师尤其是科研团队意识到科研成果在高校中所起到的重要作用以及当前我国在科研管理体系中存在的具体问题，然后在此基础上进行分析，从思想上让高校教师重视科研创新理念。高校作为人才荟萃的场所，集中了一个国家大部分的智慧，如果能够让高校的教师意识到当前科研管理体系中存在的问题，就能调动科研工作者的积极性，进而激发科研工作者不断探索与研究的热情，让其将科研的探索与科研成果的保护放在重要的地位。

高校领导者要让我国高校的科研成果从数量转化为质量，实现质的突破，将科研创新与保护的理念深入到我国高校科研工作者的内心深处，从而使我国的科研成果得到真正的发展。因此，高校要重视科研理念的不断创新，紧随时代发展的步伐，创新科研成果，保护我国的知识产权，让我国高校人才都能在理念的创新中不断更新自己的思维，不断取得更大的进步。

（二）革新科技体制

当前，在高校的一些工作中，许多科研人员没有动力去探索新的科研项目，这表明在高校的科研管理中，管理体制存在一些不足。对于科研工作者而言，除了要优化科研工作者的工作任务，给予他们足够多的培训之外，还要重视给予他们足够多的激励和鼓励，保护他们的知识产权，在科研的创作中实行绩效管理的方式，使高校的科研管理有一套完整的机制，从而激励高校教师与学生不断探索的热情。

二、革新科研团队人员素质

科研人员的思想素质是整个团队进行创新与发展的前提和基础，要想使科研人员有积极向上的思想以及不断创新的理念，就要提高科研人员以及科研管理人员的整体素质。对于科研人员而言，随着社会的发展与不断进步，一些高校教师不能跟随科技的进步或者不愿意去进一步深入学习新的知识，造成了知识方面的断层与思想方面的落后。对于教师自身而言，要时刻提醒自己不断学习，并且要形成终身学习的理念。在平时的教学中，要认真备课，积极准备材料，对于新的知识，要自己先学习，先融会贯通，这样才能紧跟整个时代发展的轨迹，了解最新的知识动态，为进一步开展科研工作奠定良好的基础。

此外，高校要及时对全体教师尤其是科研人员进行培训，定期让教师更新知识，了解动态，同时与其他高校之间进行合作与交流，使高校的科研人员在思想、学习以及知识的拓展方面都能得到更大的提升。除了科研人员自身的素质需要提升之外，科研管理人员也需要做好科研创新管理的各个方面的工作，科研管理人员不仅对整个科研的步骤以及过程进行管理，更重要的是还要不断了解整个科研团队的困难，搜集各个方面的资料，不断提升自身的专业素养与管理能力，同时扩大信息的来源，使科研团队的工作者有第一手的资料与信息，从而为科研团队人员提供更好的服务，对科研工作者的选题以及申报课题等方面提出指导性意见。这样一来，高校所有的科研人员与科研管理人员就能在相互协调的工作氛围中完成自身的科研工作，使科研成果的进展得到更为有效的保障。因此，科研团队素质的创新能够保证整个科研管理体系的有效运转，对于构建创新的高校科研管理体系是非常有必要的。

三、革新科研管理模式

我国高校科研管理存在一定的不足，其主要原因就是科研管理模式方面存在着一些问题。首先，在高校科研管理中，许多科研管理者对于当前一些科研工作的管理不到位，对于整个科研局势的发展认识不到位。此外，除了管理者的认识不清晰之外，高校科研工作者缺少与外部交流的机会，一般都是自己做自己的科研项目，效率较低，整体素质也很低，致使高校科研工作拖拉，对于学术的重视程度不够，而高校学生在这样的环境下就放松了对科研的进一步研究。因此，高校科研管理体系想要得到进一步改善，就需要高校领导人员重视不断创新有效的科研管理模式。

同时，领导管理层要将科研的创新重视起来，既要设立领导人员、工作人员，又要在此基础上合理分工，建立相关的监督机制与激励机制，使整个体制合理有效地进行，从而推进科研人员创新的不断发展。除此之外，所有的科研工作者要重视合理分配科研任务，对于要申请的课题，要与其他的科研工作者进行商量与讨论，尽量发挥跨学科的优势，使高校科研管理在学科的发展方面有更大的突破，保证不同学科的科研人员之间的相互交流，促进高校理论研究与实践的相结合，从而带领高校学生研究更加广泛的领域，增进学科之间的交流。高校只有具有了完整的科研管理体系，并且不断创新自己的科研管理模式，才能让科研工作者在良好的工作氛围中进行科研创造。

四、革新科研应用与开发

在当前的高校科研工作中，普遍存在的一个问题就是科研项目与整个社会的发展联系不紧密，很多人对科研的研究仅仅局限于表面上，而且整个科研的结果没有很大的创新，很难突破以前的传统思维，使整个科研成果没有新的成绩。对于当前的高校科研管理而言，学生与科研教师要了解当前科研工作的重点，科研工作者申请与发表的课题研究只是对当前各行各业存在的问题以及现象进行的研究，因此必须从实际出发，对当前社会、企业等进行相关方面的调研。此外，在课题的研究过程中，还要进一步去考量当前所选题的有效性与可行性，从而使高校的研究为解决实际问题打下良好的基础。总而言之，“在高校的建设与发展中，构建创新的高校科研管理体系是非常有必要的。高校科研工作作为国家创新事业的重要组成部分，在我国整体创新事业的发展过程中起着关键作用。”① 高校的科研管理体系唯有重视对人才的培养，将创新发展放在优先的位置，才能够保证高校科研工作的不断发展与进步。因此，高校要重视科研理念、科研团队人员、科研管理模式、科研应用与开发以及科技体制的创新，使我国的科研成果在创新体系的机制中得到有效的发展，从而提升我国高校人才的综合素质，使高校的自身发展获得源源不断的动力。

①刘宁．如何构建创新的高校科研管理体系［J］．教育教学论坛，2017（3）：13.

第二章 高校科研管理的核心体系

第一节 高校科研管理的主客体

一、高校科研管理的主体

高校科研管理的主体，从我国目前来看主要是指各高校、高校的上级行政管理部门，包括地级市、省等教育行政主管部门。此外，人力资源是科研力量的核心，也是科研力量的精髓，没有人力资源就无所谓科研力量。科研力量能否实现内聚力、集约化发展，起决定性作用的是“人”，即广大的科研人员，是具有生命的鲜活个体，人的整体发展态势决定着“物”的流向与存在的状态。可见，广大教师和科研人员是高校科研实力能否发展壮大的关键。

把“以人为本”的理念运用到高校科研工作中去，就是指在科研管理中，将人置于管理的核心，确立人的主体地位。因此，在高校的科研管理中就应当坚持“以人为本”，这不仅是科研人员自身发展的需求，也是科研管理可持续发展的必要前提。

高校科研管理中坚持“以人为本”的策略在高校科研管理中充分发挥人的主体性，是实现对人的终极关怀的必要条件。在高校的科研管理中，只有重视科研人员及教师的主体作用，凸显他们的主体地位，充分发挥他们的主体性，增长他们的主人翁意识，才能加强他们的责任感，调动他们的积极性，充分发挥他们的智力潜能，拓展他们的思路，提高他们的科研能力和水平，为高校科研的发展作出贡献。当今时代，随着信息技术的飞速发展，人类知识更新的速度空前加快，这对高校教师提出了严峻的挑战。

（一）高校科研管理主体的发展趋势

1. 建立跨功能团队

传统的科研工作是被分开在职能团队中，因而科研人员只是对技术工作承担责任。在跨职能团队里，不同功能团队成员像紧密完整的跨功能部门那样工作。因而，除了对技术工作承担责任，科研管理人员分享了整个跨功能团队工作的其他职责。跨功能团队被科研管理广泛接受，因为团队能促进研发目标的完成，减少正式评估的需要，减少成本和需要发展新项目的时间。因此，跨功能团队能提高工作生活质量。

为了在今天全球经济里取得竞争优势，跨功能团队可能在全球分布。这些团队允许跨国机构聚集世界各地高素质科研人员，使其在一个团队工作。不过，这些团队如果没有正确的管理，就更可能导致失败。因为这些团队跨文化的本质可能导致交流问题。为防止团队失败，我们需要注意：①明确信息；②增加面对面接触的机会；③在团队成员间建立信任；④不断地促进团队成员间的交流。

2. 科研人员管理

传统技术管理者通过命令和控制系统管理科研人员，他们制定研究方向，设定计划、程序和规则。而且，他们确保科研人员沿着指定方向前进，遵循这些计划、程序和规则。在竞争性的科研工作里，技术管理人员被退出来，更多管理岗位由个别科研人员担任。

技术管理者发挥着两种重要作用：催化剂作用和首领作用。技术管理者提供给科研人员一个富有挑战和更多自主权的环境，提供明确的工作目标，允许他们成长、发展，通过这样来完成催化剂作用。技术管理者通过指导科研人员工作来发挥首领作用。然而，技术管理者起催化剂作用越大，其发挥的首领作用就越小。为了在今天竞争激烈的研究和发展环境里成功，技术管理者要从命令和控制方式转向领导方式。因而，技术管理者要从首领角色转向催化剂角色。管理技能、人际技巧和专业技能对于技术管理者发挥催化剂作用有着十分重要的意义。

3. 知识管理

科研人员是知识工人，“知识是获得竞争优势的核心资源。知识一般分为两类：显性知识和意会知识。显性知识能口头传递或文字传送；意会知识是个体化、经验的，更多是联合活动传送。”① 而且，两类知识存在于个人和组织里，科研机构通过管理这两类知识

①赵丽娟. 高校科研管理的理论与实践探索［M］. 北京：北京理工大学出版社，2019：47.

获得竞争优势。

4. 电子与其他技术

科研人员的工作主要依赖信息的流动和分析。电子技术能用于指导信息流程和分析信息。网络是提高信息传播速度和降低交流成本的新工具。因而，网络有潜力提高科研人员的成绩。科研人员使用网络促进产品开发和项目研究。以网络为基础的系统开发，在最短时间内发现和解决涉及的问题，会让开发的时间和花费减少。

科研管理主体使用了以网络为基础的数据库去进行知识管理，使用在线数据库在其他组织领域寻找已存在的技术解决问题方法。然而，有这样一个在线数据库不足以保证科研人员成功地交流技术知识。因而，在线数据库需要有效管理。

（二）高校科研管理主体的素质要求

高校是信息的传播地，是人才的开发地，也是新知识的诞生地。新知识的产生需要高校科研人员不断进行深入的科学研究。高校科研水平的高低与科研管理人员有着密切的关系，科研管理水平对高校科研发展起着举足轻重的作用。高校科学研究除了需要一支高水平科研人员队伍，同时也需要一支高素质科研管理人员队伍。建设一支结构合理、训练有素、有开拓精神的科研管理人员队伍，是高校科研管理充分发挥管理效能的必要条件，也是科研水平不断提高的重要保证。高校科研管理主体的素质要求主要包括以下方面。

1. 不断的创新能力

科研管理也要有创新，包括管理观念的创新和管理方法的创新。观念创新要求科研管理人员对科研、对管理的认识更加科学化、系统化，能够突破以前的管理模式，适应高校体制的改革需要；不能仅把使用计算机等现代科研手段当作管理观念的创新，对于过去好的管理观念，现在尚未被广泛应用的，也要继续加强，这也是创新的重要方面。方法的创新对于现代管理而言，主要建立在熟练应用现代化科研手段的基础上，在当前，这是方法创新的基本问题。管理工作涵盖的面很广，方法的创新至关重要。管理工作的创新可以更大地激发科研人员的创造力，推动科研工作的科学化进程。目前，我国的科研管理系统效率还比较低，许多机构缺乏一套有效的责权利统一的管理体系，不能适应社会发展的需要。要建立一个全新的管理体系，必须激发管理人员的创新意识，并加大投入，通过各种政策和激励手段推进管理创新，培养管理人员的创新能力。当前，围绕信息化而进行的管理创新业已初具规模，但研究的深度还不够，而且还只限于高层科研单位，在这方面还有很多工作要做。

2. 较强的政策能力

对高校科研管理人员而言，应该重点了解、熟悉和掌握国家发展科学事业的路线、方针、政策及规定，保证本单位科学研究的发展方向、重点研究领域、重点研究项目或课题、本单位科研管理各项规章制度或条例；应重点了解、熟悉和掌握科研管理工作范围内的有关政策和规定，以保证自觉地贯彻执行这些政策、规定，防止和杜绝违反政策、规定的情况发生。同时，在执行过程中，还要同本地区、本单位、本部门实际情况结合起来，充分发挥自己的主动性和创造性。只有这样，才能保证国家发展科学事业的路线、方针、政策得到正确贯彻和落实。

3. 崇高的敬业精神

科研管理工作归根到底是一项服务性工作，没有认真负责的工作态度和敬业精神，一切工作就会成为无源之水、无本之木。高校从事科研管理工作的人数有限，工作千头万绪，既要对科研活动实施管理，又要为科研人员服务，所以科研工作需要走在前列，只有把敬业放在首位，才能以工作为重，不计较个人得失。科研管理人员必须以饱满的热情投入工作，在科研管理工作中，不怕困难，虚心请教，锐意创新，树立为科研服务的意识，踏实地做好本职工作。科研管理人员还应牢固树立实事求是的思想和客观公正的办事作风，树立起耐心、细致的工作态度，在所从事的科研管理工作中，发扬敬业奉献的精神和一丝不苟的工作作风。

4. 高尚的职业道德

科研工作技术含量大，涉及先进技术多，良好的职业道德是做好科研管理工作的必要条件。以道德为基础、以职责为根本、以法律为准绳，充分认识知识产权含义，牢固树立知识产权意识，严格遵守科研保密规定，尊重科学，崇尚真理，公正、客观地对待各个项目、各项工作、各位科研人员，排除杂念，这是科研管理人员必备素质之一。科研管理人员应树立服务第一的意识，处处为科研人员着想，做科研人员的坚强后盾，尽量解决他们在科研工作中遇到的困难，使他们能一心一意地投入科研工作。

5. 扎实的专业知识

科研管理工作面临着各个学科、各个研究方向不同的研究内容，这就需要科研管理人员了解相关学科的一般知识，只有这样才能较好地对不同学科、不同研究方向、不同研究领域的研究工作进行有效管理。随着大学学科重组、交叉学科增多，管理人员要加强专业知识的学习，及时补充相关知识，以适应现代科研发展的需要。科研管理人员要不断学习

科研管理理论、方法和政策，并创造性地与本院校实际情况相结合，学会发现问题、分析问题和解决问题，善于从大量细微的工作中总结经验，不断把握科技工作的特点和规律，解决工作中的问题，并以此来指导今后的科研管理工作。

6. 综合的管理能力

科研管理人员的工作是围绕管理进行的。管理能力包括创造性的思维方式、较强的判断能力、独立的工作能力、组织能力、表达能力等。科研管理人员既要学习管理理论，以管理理论指导实际工作，又要在丰富的实践中总结经验；既要与大量的数据、信息打交道，又要与不同层次的人员打交道，要有分析能力。所以科研管理人员掌握一定的管理艺术，把管理的方法和理论、手段应用于工作中是非常必要的。要以科研管理理论为工作指导，以科研实际为前提，以科研实践为准则，在千头万绪的工作中善于厘清思路，判断出重点、要点。

7. 较高的信息能力

高校科研管理人员，首先，要广开信息源。科研管理人员既要了解科研的基本特点及基础知识，又要从宏观上掌握科研动态信息，从中采集有价值的科研信息；既要了解当前的领先课题和研究重点，又要掌握科研发展的客观要求及主要矛盾，不断吸收新信息，充实科研工作。其次，要收集、转换和处理信息，并对信息进行检索，核定其可靠性。科研管理人员在收集信息时，要重视调查研究，掌握全面而系统的情况，绝不能让东拼西凑的信息作为决策的根据。再次，要将信息进行整理和纯化，并将信息编制索引供人查询。最后，科研管理人员还要重视信息反馈，努力使之形成灵敏的人本管理的网络化信息反馈机制。

8. 良好的协调能力

科研管理人员与各级各类部门、单位管理人员联系时，要在科研项目开发和申报工作中起穿针引线的作用。上级部门的政策和指示、科研人员的研究成果都要通过管理人员相互转达，这样才能保持良好的互动关系，才能使有价值的项目得到上级主管部门的支持，尽快转化为生产力，推动科技进步。高校科研管理人员不但要有横向、纵向协调的能力，还要有与科研人员保持联系的协调能力，使科研人员对政策和指示有全面的了解和掌握，并且把各个环节协调好，为科研工作创造一个有利的外部环境，充分调动广大科研人员的积极性、主动性和创造性，促进科研工作的开展。

9. 高超的服务能力

高校科研管理工作的一个重要目标就是最大限度地调动科研人员从事科研创新活动的

积极性，使他们快出成果、多出成果、出高水平的成果。因此，科研管理人员应牢固树立以人为本的思想，树立科研人员至上的观念，提高服务质量，营造良好的科研环境。科研管理人员平时要注意加强与科研工作者的交流和沟通，听取他们的建议，了解他们的工作进展，帮助他们反映问题，解决困难，协调好各方面的关系，把服务贯穿工作的全过程。科研管理人员要有默默无闻的奉献精神，主动、热情、高效地为广大教师从事科研工作发挥桥梁和纽带的作用。

10. 持久的市场开拓能力

市场经济在本质上是促进科技与经济社会结合的催化剂，是推动科技繁荣进步的推动器。科研管理人员要善于洞察市场，善于组织科技人员到市场经济的大环境中，根据市场经济和社会发展的需要，及时调整和合理配置基础研究、应用研究和开发研究三方面的力量，在保持拥有一支从事基础研究精干队伍的同时，积极组织更多的科技力量，主动走向市场，把研究与开发的成果尽快转化为生产力，服务社会，使之参与社会经济大循环。面对激烈的竞争，面对活跃的市场，要想抓住机遇，发展自己，并赢得国内外的支持和宽松的环境，科研管理人员的公共关系活动很有必要。通过科研管理人员的公共关系活动，可以促进科研组织内部的协调，优化科研组织外部环境，沟通和协调与各方的联系，推进科研课题的立项和成果转化。

高校科研管理人员的自身素质和管理水平对高校科研工作的发展有着重要的影响，科研管理人员应不断加强自身建设，树立高度的敬业精神和奉献精神，充实管理专业知识，拓宽自身知识面，运用现代管理思想和手段做好科研管理工作，为实现学校整体研究水平的提高和科研工作的跨越式发展作出应有的贡献。

（三）高校科研管理主体的绩效考评

高校科研管理是学校管理的重要组成部分，其水平的高低直接关系到高校在竞争中的地位、生存与发展。目前对科研管理人员实行的绩效考评虽收到了一定的成效，但尚存在一些问题。随着高校改革日益深化，传统的组织模式和管理理念已越来越不适应环境，建立现代化的管理体制已成为研究的热点方向之一。

高校科研管理人员绩效考评，是指考评主体从绩效目标出发，通过一定的方法和客观标准，对科研管理人员的素质、工作能力、工作成绩、工作态度等进行的综合评价，它是高校科研人力资源管理工作的重要内容及基础性工作，也是高校进行绩效管理的一个核心环节。科学、合理、高效的绩效考评制度能有效地激励广大科研管理人员，改善他们的行

为，充分调动他们的能动性、积极性、创造性，实现学校和个人的共同发展，对高校管理体制建设有着重要的现实意义。

1. 构建目标明确、可操作性强的量化考核指标

考评内容是考评工作先要解决的核心问题，是绩效考评能否有效进行的基础，也是衡量考评工作的关键。在绩效考评工作启动之初，科研管理部门就应分析并统计近年科研管理的整体运行情况，仔细研究学校的发展战略目标并根据各部门教职工工作的实际情况和岗位特点，建立具有可操作性的综合考核指标。各院系部门负责人要根据本部门工作性质，对相应的科研管理任务进行分解，建立部门内部的科研管理绩效指标，各院系领导应同员工代表一起，对个体所在岗位的特点展开有效分析，在明确工作目标、职责、权力和条件的基础上，将部门绩效指标进一步细分为各职责的绩效衡量指标。同时在建立考核指标时，要明确学校的发展规划和战略目标的实现，不是靠几个人或几个部门来完成的，它最终是要靠每位教职员工的努力来达到的。对于不同的岗位、不同的职责要求，考评指标也应有所不同。

所以部门负责人应采用调查、访谈等多种形式，加强与教职员工的联系，让员工主动接受绩效管理，这种对科研绩效考评体系的建立和测评过程本身，就是统一全体员工向科研管理整体目标努力的过程，必将对科研绩效管理工作起到很大的促进作用。指标的确定要尽量做到将科研年度重点工作和临时突击性任务逐层逐月分解到每个具体的岗位上，形成教职工月度考核指标。在量化指标的描述中尽量采用准确的量词，以保证考评的客观、公正，避免人为的偏差。如果选取的指标不可控，那么绩效考核就没有实际的意义。随着高校科研工作的发展，科研管理内容的丰富和更新，科研绩效考评指标体系也成了一个动态的过程。

2. 建立完整、系统、连续性的考评模式

考评指标确定之后面临的问题就是如何考评。绩效考评在整个绩效管理流程中占有重要的位置，前期考评指标的铺垫在这里得到结果的呈现。绩效考评工作绝不仅仅是考评方简单地对被考评方照表打分，这一环节仍然需要充分的、科学有效的沟通，它是实现考评效果的重要保证。目前很多高校的科研管理绩效考评仅仅意味着打分、填表，没有足够重视沟通环节，从而削弱了考评结果的可信性，导致员工产生抵触情绪，进而导致整个绩效管理体制的低效甚至“失效”。

完整系统的考评模式，必须是考评双方就考评方对被考评方的评价进行沟通与讨论，考评方有义务对每一项指标的得分进行说明，被考评方有权提出自己的不同意见。如果双

方不能达成一致，还可以通过正常渠道进行绩效申诉。通过积极有效的沟通，避免了不良操作和因一些主、客观因素而带来的考评偏差。在考评过程中学校应加强并重视执行过程的检查和控制，准确了解各岗位绩效目标的执行状态，及时发现执行中的问题，采取有效措施，使绩效目标的实现得以保证。在考评实行过程中要坚持做好平时记录，形成绩效文档，随时对出现的问题进行沟通。

3. 制定合理、高效的绩效反馈与奖惩制度

考评结果如何处理即绩效反馈问题，是绩效管理能否取得成功的关键步骤之一，很多科研管理部门在考评结束后，领导层很少就考核事宜与员工沟通，甚至对考评结果进行保密。这样做的结果就使考评事实上沦为对过去工作的回顾，而对未来工作的改进毫无意义。绩效考评结果反馈的目的主要有两个：一是对工作信息的反馈，利于员工调整工作方法；二是激发员工的上进心和工作热情，授之以渔，从而提高绩效。因此，应最大限度地减少员工对考评结果的神秘感，将反馈做到公开化、规范化、制度化。反馈的形式根据需要可以多样化，例如，可以是直接面谈，也可以采用考评结果报告等方式。在反馈环节里最容易出现的问题是主持考评相关的领导或负责人没能对员工的优点和缺点给予明确的信息揭示，未能结合科研管理绩效目标传达出对员工的期望。一个完善的绩效反馈报告，除了要回顾员工过去的绩效表现之外，更重要的是能够通过考评来了解各院系部门和员工的能力状况和发展潜力，有的放矢地制订更完善的发展计划，从而最大限度地激发员工的工作积极性、主动性和创造性，提高科研工作的整体绩效。

4. 强化辅导，促进人员综合素质的提高

绩效管理强调以人为本，重视个体的参与，强调沟通与互动，而这些行为的最终目的之一就是提高被考评对象的整体素质。职工的整体素质提高了，对目标的认可度提升了，整个目标才会得到很好的执行。绩效考评只是绩效管理过程的重要环节之一，考评的结果不仅是针对过去工作的检查和测评，而且要解决如何能提高绩效、达到目标、提高员工整体素质等问题。根据阶段考评结果，高校相关管理部门领导应帮助职工找出问题所在，使其改正缺点，提高工作效率。其中重要的理念是帮助提高，而不是批评教育。

5. 树立团队绩效价值观，实现绩效最大化

在绩效考评过程中，由于价值取向的不同，考评的标准、指标及考评办法等都会有相应的差异，价值取向是绩效考评的基础，也是建立整个绩效考评体系的方向标。高校科研管理工作是个完整的系统，许多管理工作都是相互联系、相互影响、相互制约的，各部门协调配合才能构建出和谐的整体。以团队的绩效去评价团队成员的业绩，这样绩效评价就

容易找到一个参照，对绩效指标也能进行有效的把握。在评价标准的选择上，既要考核工作结果，又要考核工作流程，有助于团队精神的培养。在进行个体绩效考评指标设定时，树立团队绩效观，根据各岗位的实际情况，适当加入一些与团队绩效和流程相关的指标，并通过团队绩效目标及相关工作流程将不同特点、不同能力结构的人员融合在一起，量才而用，重视引导，达到团队成员互促共赢的局面，实现整体绩效最大化。

二、高校科研管理的客体

本质是事物的内部联系，它由事物的内在矛盾所规定，是事物比较深刻的、一贯的和稳定的方面。高校科研管理的本质就是在高校科技系统目标的指导下，把对高校科技系统的资源投入——组成系统的要素（如高校教师、学生、管理服务人员、经费、信息等）——结合在一个统一的有机体内，以实现不同的分目标，并最优地实现高校科技系统整体目标，即解决对高校科技系统有限的资源投入与高效益地实现高校科技系统目标的矛盾。在解决这一矛盾过程中，高校科研管理的客体就是科技活动和科研服务。

（一）高校科研管理客体的相互关系

提高高校科研管理创新能力必须调整好管理与服务的关系。“管理就是服务”是管理学的重要观点之一，并被用于科研管理工作之中。在对科研管理就是服务的认识上，许多高校的领导者认为，科技（研）处是学校的行政管理部门，是学校科研政策的执行者，强调科研管埋工作就是服务工作。有的科研人员认为，科研管理部门是学校的机关部门，科研管理人员是行政人员，不能管理科研本身，只能管理与科研有关的事务性工作。受此影响，部分科研管理人员认为，政策是领导的事，学术是专家的事，科研管理人员的工作就是事务性的服务工作。在对科研管理与服务科研关系的理解上，不能将目标与过程混淆，认为服务工作就是管理工作，做好了日常的服务工作就等于做好了科研管理工作。事实上，服务是科研管理的目标，但不能代替管理过程，科研管理的过程本质上是管理活动。此外，在管理过程中不能只考虑围绕建立科研组织，协调科研组织与人员的关系等生产关系方面开展工作，必须合理组织与配置科研资源，充分发挥科研资源的生产力作用，并努力获取最大效益，使科学技术真正成为第一生产力。科研管理创新能力来自管理者，正如科技创新必须调动科技人员的积极性一样，科研管理创新必须调动科研管理人员的积极性。因此，科研管理人员必须将管理与服务的关系调整好，以“树立服务意识、强化管理职能、创新管理模式、提高服务效益”为指导思想，即通过提高管理效益来提高服务效益。从这个意义上来说，只有服务意识、没有管理意识，就没有高质量的管理效益，提高了管理效益就是提高了服务效益。强化管理人员的管理意识是科研管理创新的保证。科技创新反映的是科技进步与科技水平的提高，要求对管理不断进行改革和创新。因此，管理创新必须与科技进步同步发展。经验对于管理是很重要的。但仅凭经验和直觉是不能做好科研管理工作的，当前科研管理人员在注重服务意识的同时，必须强化管理意识。

（二）高校科研管理主体的主要模式

高校拥有包括高水平的科技专家在内的丰富的人才资源，其学术思想活跃、学科门类齐全，非常适合进行自由探索式的、多学科交叉的基础与应用研究。高校已经成为我国科技创新队伍中的有生力量。高校的科研管理，是高校管理工作中不可缺少的方面，高校科研管理者肩负着对全校科技发展规划和科研管理政策的制定、实施，以及对科研项目、科研组织、科研效应等方面进行管理的重任，对高校的科研乃至整个高校的发展都起着十分重要的作用。

1. 过程管理模式

高校科研客体的过程管理模式是对科研项目立项、项目实施与经费管理、监督与检查、结题验收等科研环节的具体过程进行管理。

我国现行科研管理体制以课题制为主，是典型的过程管理模式。在过程管理模式下，项目投入资金、科研经费在整个项目周期内的所有权是国家的，使用权属于研究者，而监督权属于项目的依托单位，实行的是跟踪式的管理。大致流程是：政府根据国家科技发展战略制定项目指南，符合资格的科研人员申报项目；经过一个复杂的立项评估程序，一部分项目获得批准；项目的实施阶段；验收和结题。其中项目的实施阶段又包括项目的具体实施、项目阶段评估、项目中期评估、经费管理和监督检查等环节。

2. 目标管理模式

目标管理模式是过程管理模式的进阶，目标管理模式是指以成果评价为核心对项目所达到的目标进行管理。相对于过程管理模式，在真正的科研工作开始前即对项目投入科研资金，注重对项目立项、项目实施、科研经费管理、监督与检查等科研的具体过程进行管理，目标管理模式下，政府对科研项目少有先期投入，大多是通过审核认定的科研成果投入资金，强调对科研项目所达到的目标进行管理，即注重对成果的审核、鉴定、购买与转化等方面的管理。

目标管理模式以成果为核心，抓住了问题的本质，使有限的科研资金投入最能产生效

益的地方，同时简化了管理程序，克服了过程管理模式长期以来的弊端，无疑是一套真正公平的竞争机制，它促使激烈的竞争由项目的申请转移到研究和出成果上，形成重视产出的导向，极大地提高了我国科研的整体效率和科研投入产出比。

（三）高校科研管理客体的柔性化服务

高校科研管理的客体还体现为科研过程的服务活动。高校科研管理部门（科研处、科技处、社科处）既是管理机构，又是服务部门，换言之，作为服务一方的科研管理人员，就是如何为学校多拿课题、多出成果、多获奖项，去精心组织，能动工作，进行人性化管理，为科研和科研人员做好服务工作。因此，在日常管理中，科研管理人员应该明确自己的职责，牢固树立服务意识，勤勉严谨，潜心服务，做科研人员的知心人、热心人、贴心人，以爱岗敬业、奉献勤业、好学精业的精神做好科研管理工作。

1. 柔性化服务必要性

柔性管理为一种倡导企业主动适应变化、制造变化、利用变化以提高自身在动态环境中的竞争力的管理思想。从本质上而言，柔性管理是一种对“稳定和变化”同时进行管理的新理念。

（1）科技需求对柔性化服务的要求。高校科技合作是构建学校的科技成果和成熟技术与社会企业的合作。技术与技术需求是组成科技合作全过程的关键因素。随着市场经济的发展，我国企业进入新的发展阶段，产业结构正向高级、复杂和多元化方向发展，技术与技术需求市场对高校的科研管理也提出了新要求。在合作形式上形成了区域经济或产业、行业与高校的科技合作、校市科技合作、校企科技合作，高校与行业科技合作在合作方式上由科技服务、成果转化向新产品开发、技术改造、工程承包、共建研发基地、创新中心、人才培养基地等方面转换，形成一条科技合作链。总而言之，高校科研管理是以市场经济引导的、向多元化发展的柔性化服务。

（2）科研管理意识向柔性化服务发展。在这个不断变化的全球性的经营环境中，优秀人才是组织具有竞争力的根本要素。因此，高校科研必须充分尊重科研人员，并按照以人为本的原则，站在科研人员内在需求的角度，去为他们提供柔性化服务，去赢得科研人员对学校和事业的满意与忠诚。科学研究的过程就是知识的生产、开发、销售、储存、增值过程，科研人员与科研管理部门应构成一种需求与服务的新型关系，科研管理部门的任务就是将科研人员视为客户，并提供客户化的优质服务和产品，这些服务和产品包括共同愿景、价值分享、人力资本增值、授权赋能、支持帮助。在这种服务过程中，以课题组为核心的基层研究机构应具有很强的自主性，可以向科研管理部门下达命令。科研管理部门主要为课题做好全程服务，主要任务是提供服务和咨询，只有在极度紧急情况下才会进行干预。科研管理部门只有提高柔性化服务，才能最大限度地与企业和科研人员建立忠诚和共鸣基础上的合作关系，才能全面开发和满足企业和科研人员的需求，真正推动高校科研和企业技术创新，使其迅速发展。

（3）技术转移手段向柔性化服务发展。科技转移过程就是知识流动和技术交易过程，这个过程的基本特征是信息的非对称性、不确定性和技术的公共物品属性。正是由于以上特征，才使得技术交易过程十分复杂，往往一项技术合同的签订要多次反复，不断修改。所以，技术转移有很强的柔性。现代社会的发展，要求高校科研开发必须进行探险性的市场营销预测，强调大量的信息获取和知识转移。对市场的快速反应和应变能力，也要求企业能够及时运用先进的技术开发先进的产品，所以，面对面单一的技术交易方式已不能满足人们对科技成果多层次、全方位、高效、快捷的需求。

2. 柔性化服务的措施

在具体科研管理中，管理人员要做到勤勤恳恳，踏踏实实，尽心尽力。高校科研管理部门既是教授、专家经常光顾的地方，也是科研业务工作上下衔接、内外连接的归口部门。如咨询科研政策，了解科研项目的申报、管理、结题，商谈学术会议的召开和研究成果的推广应用等。科研管理人员经常外出，参加科研会议，收集科研信息，联系科研业务，洽谈成果转化，也是非常辛苦的。面对忙和累，管理人员要乐于奉献，准确高效地办好每一件事情，做好每一项工作。争取项目，特别是高级别的项目，是科研管理部门的重要职责，如果组织不好，很可能造成失误。科研管理部门要积极主动，组织、指导、做好以下工作。

（1）积极申报是前提。面对项目指南积极申报，就有希望中标。申报工作组织不好，效果无疑是不理想的。申报工作的好坏，在于发动工作做得是否广泛、深入。大会动员是造势，有效果，但太抽象。最好的办法是，科研管理部门分头去院系发动，宣讲政策，下达任务，宏观指导，并随时了解动态，跟踪进展信息，掌握申报态势，采取相应举措。申报中，注意项目小组成员的优化组合，切忌力量过于分散，全面开花；防止报得多，中得少。申报项目要重视学科的分布面，高水平人才集中的院系，项目布点要分散，要瞄准边缘学科、冷门学科，这些学科中标概率相对较高。过于集中在几个学科，囿于项目计划，容易造成申报人数过多而效果不理想。

（2）遴选课题是关键。科学研究意味着创新，注重创造性、可行性和特色性，围绕基

础研究、应用理论研究和应用研究，走前人没有走过的路，做前人没有做过的事，创造前人没有创造的成果。遴选课题，创新是核心，选准是关键。特别是国家课题，级别高，分量重，经费多，影响大，评审严格，竞争激烈，是竞相争夺的目标。科研人员在遴选课题时，既要大胆选题又要量力而行，根据自身的能力水平、收集的资料、实验条件等，综合衡量，勇敢选题，克服自卑心理等畏难情绪，但又不可超越现状，妄自尊大。管理人员要及时协助他们将面上的信息和本校的情况结合起来，找到需要和可能的最佳契合点，反复论证，直至选准满意的课题。

（3）精心设计是基础。选准了课题，还需要在形式和内容方面，进行精心设计论证。科研管理部门要敦促科研人员，按照申报要求，在课题的研究现状和意义，课题研究的基本思路、方法和主要观点，课题的理论创新程度或实际应用价值，课题研究基础（相关成果、主要参考文献）等方面，进行充分扎实、雄辩严谨的内容论证和完美系统的形式表述，将一份满意的“答卷”上交，争取在几个轮回的评审中胜出。

（4）严格审查是保障。严格审查是指科研管理部门针对课题申报材料的综合审查。科研人员完成申报材料后，因为诸多原因，不免存在疏漏或差错，科研管理部门要对申报表格和论证材料从形式到内容进行系统、全面的反复审查，帮助申报者校准要求，抓住要点，提出进一步修改、完善、润色意见，避免因疏忽而带来遗憾，因缺漏而遭到淘汰。

第二节　高校科研管理的活动构建

高校科研管理创新是促进科技创新与市场机制相结合的客观需要。知识经济的发展客观上要求科研管理机构肩负着寻找市场信息、追求知识创新的切入点、探索可供转化知识的有效机制的重任。但是科研管理的理念至今仍没有彻底摆脱计划经济的影响。我国高校科研管理长期以来的实践，都是“重管理轻服务”，对科研人员和科研项目实行机械化管理，缺乏以人为本的观念；“重成果轻转化”，科技成果转化水平低，市场意识和知识产权保护观念薄弱。究其原因，在于高校的科研管理水平滞后，这包括科研人员自身意识淡薄，更主要的是科研管理部门缺乏创新意识，另外就是管理体制落后。因此，只有改革现有的科研管理运行模式，建立一套适应高等学校科技创新体系建设的“自律、竞争、激励”的良性体制，才能完成时代所赋予的科技创新的历史使命。

一、高校科研管理活动的特性

（一）高校科研管理活动的能动性

加强科研管理能动性，使松散的个人或集体的研究联系得以加强，对形成并体现出群体的学科优势有着很大的作用。

1. 项目选题中的能动组织

科研活动是教师在其学术领域中自由、自发、自主的活动，需要一种和谐、松弛的环境。科研管理要做到既充分尊重每一位教师的研究个性，同时又加以适当地组织策划，使同一个学术群体中每一个研究者之间自由的松散的研究行为有机地加强联系，有所侧重和分工。在对选题进行设计时要十分注意各选题之间的逻辑关联，有意识地将几个选题绑在一起形成一个课题群。使本单位全体的研究项目在某一时期的某一方面形成优势，是体现科研管理能动性、促进学科优势形成的一个方面。

2. 项目申报中的能动策划

项目申报是科研人员自主的行为，但是静态的管理和能动性管理有不同的效果。静态的管理往往是将通知往外一贴，等着大家把项目申请书交来，然后提交上级科研管理部门。能动性管理则是在大家自主申请的基础上，充分调动大家的积极性并进行协调，从而有效地保证了申报课题的中标率。为此：一是全体动员，将有关申报的通知和操作办法通过各种形式让教师知道，鼓励大家积极申报；二是组织申报人员开会，将大家申报的课题互相协调，同时，请有关人员介绍该类项目的评审要求和注意事项，并进行填表操作技巧的培训；三是实行校学术委员会论证制度，就申报课题的角度、申报课题的注意事项等方面提出建设性的意见。这样，在很大程度上可提高本学科科研项目的申报率和中标率。

3. 科研产出中的能动设计

科研产出是完成科研项目取得的成果，包括论文、著作、专利、研究报告等。科研管理者可将分散的、相互缺乏沟通的研究成果组织起来，也可将整个学科人员的有关成果（包括硕士生、博士生的毕业论文），精心组织出版，设计成本学科的论丛系列，从而形成一个“重量级”的成果群，这样，一个学科的学科优势就能较好地体现出来，从而给获得各级科技奖励夯实了基础，从形式上体现出强有力的学科优势。

（二）高校科研管理活动的复杂性

科研管理主要是用定性和定量分析相结合的方法，研究和处理“人—事—物”系统的运动规律及提出对该系统进行优化控制（引导、领导和管理）的理论和方法的综合性科学。因此，科研管理的目的在于通过对科研系统特征和运行机制的认识，对该系统加以干预以达到预期的效果。应用复杂科学的原理和方法，在科研管理的研究中确立非线性的、混沌的、突现的、非还原性的思维，用复杂性科学理论的观点，全面地、动态地考查科研管理系统如何在外界条件影响下，在内部子系统间的协调作用下，对外进行科研交流合作，对内灵活应变，以揭示科研管理系统存在的非线性、混沌、突现、自组织、非还原性等现象，建立适应科学技术发展的相对稳定有序的结构。

1. 成立科学、合理的科研协同机制

协同学研究的是协同的各个个体如何进行协作，以及通过协作形成新的空间结构、时间结构或功能结构。系统从无序向有序转化的关键并不在于系统是否处于平衡态，也不在于离平衡态有多远，而在于大量子系统的非线性相互作用。每个人的科研能力是有限的，不可能单独面对一切挑战。参加课题的成员只有把自己置身于课题团队中，才能在竞争中生存，才能在科学研究中极大地发挥自己的创新能力。所以作为科研管理者和参加课题组的成员，一方面都应该有高度的协同进行科学研究的意识；另一方面决策者和科研管理者通过在课题组成员之间、课题组与课题组之间、管理决策部门与课题组之间建立一套科学合理的协同机制，提供各种机会和条件创造一个各子系统能量释放和协同的环境，充分调动和利用课题组成员的积极性、能动性，通过子系统（课题组、课题组成员）的发展和协同作用来实现科研管理的整体目标。

2. 构建以项目目标为导向的软控制机制

复杂系统的复杂性来源之一就是子系统（或系统内的元素）的非线性聚集和各子系统（元素）间的非线性作用，而复杂系统又具有自适应、自学习的特点，要对单个的子系统（元素）进行控制变得非常困难。因此，对于科研管理系统这个复杂系统而言，决策者和管理者应在对系统的目标和各子系统动力机制了解的基础上，针对各子系统成员行为特点、课题的性质和科研要达到的目标，建立以项目目标为导向的软控制机制，这种控制机制可以使各课题组、课题组的各成员能够根据课题的目标要求适时地改变自己的行为和研究方向，充分调动自己进行科研的欲望和创新积极性，使整个科研系统充满活力和竞争力，并且通过课题组的各成员间相互协同实现科研的整体目标。

3. 建立具有自适应性的动态科研组织结构

高校建立具有自适应性的动态科研组织结构，这种动态组织结构意味着系统内不同层次上的子系统的行为必须遵循一定的规则，根据环境和接收信息来调整自身的状态和行为，并且通常有能力来根据各种信息调整规则，产生以前从未有过的新规则。通过系统主体的相对低等的智能行为，系统在整体上显现出更高层次、更加复杂、更加协调的职能有序性，这种动态的管理必须适应迅速变革的科学技术环境，必须从更高的视角来认识科研工作和管理，通过以“动”应“变”来对科研活动进行管理。传统的刚性组织结构容易带来有限资源的配置不合理，导致资源浪费。动态的组织结构能够根据科学技术的发展和外部环境的变化，及时有效地调整自己的行为。

4. 培植科研管理的创新机制

自组织系统总是和一定的目的性相联系的。目的就是在给定的环境中，系统只有在目的点或目的环上才是稳定的，离开了就不稳定，系统要拖到点或环上才能罢休，这就是系统的自组织。由于科研管理系统内部反馈机制和涨落的存在，科技创新表现出新颖性、创造性和目的性。因此，科研管理系统一方面要充分利用系统的负反馈机制（能够使系统通过自我调节而保持稳定），将科研的整体行为控制在一定的目标轨道上；另一方面，又要充分利用课题组内部的创新因素——涨落和正反馈机制，对创新思想、创新行为在各个层面加以培养，给予鼓励与奖励，这就要求管理者和员工敢于打破阻碍科技创新的已存方式和框架结构，在管理理念、管理结构、管理方法和技术等方面，不断创新和变革，提高管理水平和创新意识。反之，如果管理系统过分依赖计划和僵化的组织，课题组就会处于混乱、无序状态，无法形成有序结构。混沌是一种能带来新奇、创新、革命和创造奇迹的原型，在混沌理论看来，科研管理系统存在“蝴蝶效应”①，即非常小的初始条件变化长期对系统产生非常强烈的影响，这说明混沌现象的发生，往往是新秩序系统产生的契机。因而可以通过诱发混沌，为科研管理建立新的创新机制提供变革的途径，如科研管理可以充分利用管理者和科研人员的“创新偏好”“灵机一动”“风险态度”，制造“激励机制”“政策倾斜”等“蝴蝶效应”来培植科研管理系统的创新机制。

（三）高校科研管理活动的开放性

高校的重要职能和根本目标在于知识的创新和观念的创新，科学研究带动教学是高校

① 蝴蝶效应，指在一个动力系统中，初始条件下微小的变化能带动整个系统的长期的巨大的连锁反应。

保持知识代谢水平的基本方法。科研管理就是通过有效并可操作地配置、分配和控制人、物和财力资源的方法，维持一种有创造力的环境，使科研和发展活动能够集中于解决组织的首要问题。高校科研管理应遵循科研活动开放性的特点和规律，不断提高管理水平和管理能力，促进高校科研活动沿着健康、科学、高效的方向发展。

1. 高校科研资源管理的开放性

科研活动的根本宗旨和动力在于创新，高校科研过程保持一个畅通、开放的研究环境，广泛吸取各方面有益的信息，对于提高科研人员的研究素质，最大限度地发挥其创新意识、提高其创新能力有着重要的推动作用。随着科技的发展和高校社会服务职能的不断扩展，科研工作朝着各相关领域之间相互渗透、影响、交叉和促进的方向发展。因此，构建开放的科研环境，特别是开放的科研资源管理机制，对于科研活动的有序、高效开展，具有关键性意义。

（1）建立高校人才资源的社会共享机制，促进重大科研项目的联合开发。高校内部院系之间，高校系统与外部单位之间人员的互相配合、协同合作，可以不断为科研活动带来新的思路、新的方法、新的创意，保持科研的活力，促进学术创新，提高整体的科研水平与能力。同时，不同领域之间的科研合作，是提高科研人员积极性和竞争意识的重要手段和管理策略。

（2）建立高校物力资源的社会共享机制，提高科研设备的科研利用率。高校科研活动不应孤立进行，一方面要为社会提供全方位的资源支持服务；另一方面又要积极争取和合理利用外部资源，壮人科研实力。目前高校资源利用中的一些不正常现象是“资源私有化”和“服务利益化”，把学校的学科资源、设备资源、空间资源等据为己有或小团体所有，导致大量资源的闲置和浪费，把自己所管理的设备资源和空间资源作为谋取个人或小团体利益的资本，导致资源利用率低下。鉴于此，高校的科研资源应实现科学合理的配置，建立信息和科研设施的基础平台，打破部门、院系、行业之间的界限，提升科研设备的使用率，减少设备的盲目引进、重复购置。因此，高校科研管理要打破学校与外部环境之间相对封闭的局面，形成一个部门资源共享、合理有效使用的开放性的健全机制。

2. 高校科研过程管理的开放性

科研过程涉及科研立项、科研项目的执行等内容。在科研过程管理中，由于科研项目管理涉及面较广，影响范围较大，需要科研人员、科研管理人员和行政主管部门的共同努力，采取行之有效的措施，切实加强科研项目的过程管理。科研制度是贯穿始终的重要环节。一套严格规范的科研制度，对科研项目组织实施、质量监督、验收评价的管理尤为重要。只有通过科研项目的课题人负责制、课题研究的招投标竞争机制、激励科技创新等机制，才能最大限度地保证广大科研人员完成项目的主动性和积极性。

（1）科研立项管理的开放性。工业化水平的提高，对高校科研成果的需求不断增长，高校的科研管理在推进教师从事科学研究的同时也势必对其成果转化的社会效益提出要求，使高校的科学研究更贴近社会发展的需求。通过科研管理实现产学研合作，促进科技的社会生产力转化，为学校办学和科学研究的发展提供更大的发展空间。科研立项管理要避免“内部人”现象的发生，充分体现科研过程的公平性、公正性、公开性。项目评审应组成一个包括多方面人士参加的评审机构，保证评审过程和评审结果的客观性、公正性和科研项目的必要性、可行性，保证科学地进行决策。评审机构的人员构成应避免某一领域或部门出身的专家人士过于集中的现象，应广泛聘请相关专家参与，如知名企业家、工程师、学术界专家、社会名流、政府官员等。

（2）科研项目管理的开放性。科研项目管理是高校科研管理的核心内容和关键环节，做好科研项目管理，在高校科研管理活动的整个过程中具有全局性意义。以往对科研项目的管理，是静态、单向、被动的和一次性的管理，不利于提高科研管理的效率和质量，现代高校科研管理应朝着动态、双向、主动和综合管理方向转变。

现代科学技术的迅猛发展、信息社会的合作要求、知识经济时代的融合趋势，使得高校作为一个相对独立的科研实体，也不得不走出封闭独立的尴尬境地，与相关部门建立多方位的合作与交流，充分发挥科研项目的载体和纽带作用。高校科研活动不仅需要高校加强自身与同行垂直部门之间、内部所属部门之间的纵向联系，而且需要加强自身内部各部门之间、学校与社会之间的横向联系，以科研项目为中心、以学科专业为依托，广泛建立合作机制，发挥集合优势，统筹协调，实现优势重组，协同攻关，及时沟通信息，建立科研资源与科研人才的学校与社会共享机制，形成开放性的合作新格局。

3. 高校科研成果管理的开放性

科学研究价值的实现，在很大程度上取决于其成果的转化，以往的管理局限于结题本身，忽略成果评价与成果转化环节，导致科研效益的低下。高校科研管理只有通过管理创新和制度创新，才能引导和激励高校多出高水平的科研成果。科研管理应由项目资助为主向成果奖励为主转变，充分发挥项目评价的激励作用。

（1）实行科研成果评价社会化，加大成果奖励力度。就基础研究而言，目前整体上存在评价体系不合理的情况，没有形成一种公开监督、全面协调、合理有效的评估机制，同时，运用过于定量化的评价体系来衡量考核不确定的基础研究活动也有失公正。高校应运

用社会化的手段开展科学研究，建立以课题为载体、以课题组为纽带的研究体制，坚持客观、公正和有利于理论创新的原则，建立统一、滚动的项目库和专家库。同时，应不断改进和完善项目成果的评价和奖励制度，重奖学术精品。

（2）实行科研成果转化市场化，体现项目社会价值。为促进科研成果价值的实现，高校科研管理应当延伸管理的链条，使管理重心后移，加强对科研成果转化的管理，把成果转化列为深化科研项目管理改革的重要工作，实现高校科研成果社会共享，科研数据、科研成果应及时向社会公布，设立数据共享平台，真正使科研成果发挥最大社会效益。为此，需要通过各种途径鼓励科研成果的公开发表，促进科研成果转化的社会化，实现科研成果向现实生产力的转化。

（四）高校科研管理活动的持续性

科研管理的质量方针是“精心设计、科学管理、用户至上、持续改进”，所谓持续改进，是指增强满足用户要求的能力的循环活动。事物是在不断发展的，都会经历一个由不完善到完善，直至更新的过程，用户对产品或服务的质量水平的要求也在不断地提高。因此，高校也应建立一种能适应内、外部环境的变化要求，增强适应能力并提高竞争力，改进业绩，让所有相关方满意的机制，这种机制就是持续改进，组织的存在就决定了这种需求和持续改进的存在，因此持续改进是组织的一个永恒目标。

采用各种有效方法不断完善质量管理体系，以此满足高校科研的质量要求、增强竞争能力，使组织得到持续和健康发展的“持续改进”的理念对开展高校科研管理具有重要的意义。

（五）高校科研管理活动的公正性

高校科研管理主体所从事的管理活动，就我国目前与公正性紧密相关活动而言，主要是指科研课题、科研奖励、重点学科、科研基地等科研项目的设立、评审、结项、推广等活动。高校科研管理的公正性包含两个方面的要求：一是公平的要求；二是正义的要求。公平的要求不是简单地要求在科研实力面前人人平等，而是要求在科研实力面前有适度差别的平等。也正因为如此，我们才要求公平，而不是简单地要求平等。公平是有差别的平等，其中“平等”是基本的，“有差别”是从属的、限定性的，这里最难处理的是“有差别”这一要求。这需要防止两种倾向：一种倾向是只强调在科研实力上人人平等。无论是在高校科研管理方面，还是在人类社会生活的其他方面，一味地强调平等，都有可能导致不公平。平等是有局限的，因此平等需要公正来限定和完善。在科研管理上一味强调平等必然导致科研立项上的两极分化，导致严重的“马太效应”，其结果不仅影响高校科研本身，而且影响大多数高校和教师科研的积极性，影响教育和社会公正。另一种倾向是过分看重差别性，甚至以此为由完全否定在科研实力面前人人平等的要求，这种情况由于否定了公平的基本方面即平等，当然更无公平可言。

要克服上述两种倾向，需要高校科研管理者着眼于教育和社会的大局和未来发展，站在国家和高等教育公正的高度制定高校科研发展的整体规划，然后在这个总体框架内确立科研立项，进行科研监管。正义的要求不只要求惩治科研管理不良现象，而且要求注重从源头上防止科研管理不良现象。防止科研管理不良现象是一个十分复杂的难题，但并不是不可防止，需要注意以下方面。

第一，科研资源分配公正性问题实质上是高校科研资源配置的问题，事关高校科研管理科学性、合理性，这种分配是否公正，是高校科研资源配置是否科学合理的前提条件，而高校科研资源配置是否科学合理又直接关系到高校科研领域的公正问题。如果高校科研课题因人立项而不是因科研需要立项、科研奖励不讲学术质量和学术创新而主要考虑照顾各种关系，那就不会有科研资源的合理配置，就不会有真正科学合理的科研管理。从这个意义上而言，高校科研管理的公正性是高校科研管理的生命，是高校科研管理科学性、合理性的前提。

第二，科研资源分配的公正性问题也是高校十分敏感的问题，事关高校教师的科研积极性和学风。高校科研资源分配不公正必然导致高校科研领域的不公正。科研作为高校重要职能之一，这个领域的不公正直接影响教师的学术风气和科研积极性。

第三，高校科研公正性问题还是社会影响重大的问题，事关高校的形象、声誉和社会公正。高校不仅是社会的一部分，而且是社会精神文明的重要窗口，具有重要的示范作用和辐射作用。高校科研资源分配的公正性会直接影响社会的公正性，而且当作为人类的工程师都可以通过不正当途径获取社会资源时，社会公众就有可能效仿，从而对社会风气产生很大的消极影响。

二、高校科研管理活动的创新

知识经济时代，高校科研管理体制改革的重点就是要改革旧的封闭式的管理模式，建立起开放式的科研管理体制。要创新科研管理模式，使高校的科研工作充满活力并实现可持续发展，就必须采取“依据社会需要选题、结合社会需要开发创新、组织成果鉴定、鼓

励申请专利、促进成果向生产力的转化”这一新的管理模式，对科研工作进行全方位的创新管理。

（一）高校科研管理活动创新的意义

第一，高校科研管理活动创新，是通过管理体制创新促进高校科技创新与市场机制相结合的客观需要。当前，高校科研管理观念还没有完全摆脱传统计划经济观念，面对知识经济的挑战，不能有效接收市场信息并及时作出反应，不能主动地用知识去寻找市场。究其原因，科研人员自身科技成果转化意识淡薄是一个方面；另一个更为重要的原因是高校科研管理部门缺乏科研管理创新意识，在引导科研人员研究立项、进行项目的市场分析，以及为他们提供社会信息等方面所做的工作极其有限。

第二，高校科研管理活动创新是高校内、外部知识管理的主观要求。所谓高校内、外部知识管理，是指高校管理者通过对大学内部和大学外部知识的管理和利用，包括对知识的识别、获取、分解、储存、传递、共享、价值评判和保护，以及知识的资本化和产品化，达到提高创造价值的能力这一目的的手段和过程。从高校的基本目标和管理的基本职能出发，高校科研管理活动从管理内涵上而言属于知识管理活动的范畴，不仅涉及组织内部的知识管理，还涉及组织外部与组织自身各项活动有关的知识管理，其内容十分庞杂，大致可包括：推动新知识的创新和生产；支持从外部获取知识，并提高消化吸收知识的能力；确保所有教职员工都能知道知识在哪里，以便在需要的时间和需要的地方获得。高校科研管理人员应当顺应知识管理的内在要求，利用组织内、外部知识改善大学的教学科研活动和管理，检测和评估知识资产的价值，同时设计一种有效的制度安排，使知识与知识、知识与个人、知识与组织联系起来，从而进行大量的知识创新。

第三，高校科研管理活动创新是高校科研管理职能的根本体现。高校聚集着我国社会科学和自然科学以及各个学科领域的大多数人才，他们在发展地方经济、促进社会进步方面起着十分重要的作用，是推动我国科学技术发展的重要力量。科学研究活动，不仅需要大批的科学研究人员，还必须有相应的实验装备、科研经费及辅助人员、大量的科技情报等。只有通过有计划、有组织的科研管理，才能达到整个科研系统的最佳配合和运转，以尽可能小的代价为社会输出最佳的科研成果。

第四，高校科研管理活动，创新是贯彻国家相关战略的切实保障。高校科研管理机构直接面对科研经费的分配、科研活动的组织和监督，以及科研成果转化的具体过程，对科研成果的预测、产生及转化意义重大，必须摒弃依赖国家拨款来支撑生存发展的旧观念，根据时代发展的要求，保持与时俱进的活力，进行观念和手段上的创新，才能保障科研成果符合国家和社会发展的需要，才能激发科研人员的创新热情，使人才及其所拥有的知识得以有效发挥，最终实现国家的强盛。

（二）高校科研管理活动创新的措施

高校科研管理活动创新主要包括科研管理创新理念的建立和创新管理手段的实施。

1. 理念先行

理念先行——培养、建立高校科研管理活动的创新理念。建立科研管理活动的创新理念，要抓住知识产权这个核心，并以其成果转化为重要目标。知识产权是智力劳动者对其在科学、技术、文化领域内所取得的创造性劳动成果依法享有的一种权利。高等学校作为知识密集、人才荟萃的重要场所，根据国际惯例，其理应拥有大量高质量的知识产权，其中最主要的是专利权和著作权两种。科研管理部门要破除原有“知识共享”的陈旧观念，加强知识产权保护意识，成立专门的知识产权管理机构，引导科研人员培养权利意识，指导他们如何去获取和保护权利，从而达到以人为本，尊重知识，尊重人才的目的，形成一种新机制和氛围，使教师的创造力和科研创新能力得以最大限度的发挥。同时提高市场经济和科技转化的意识。高校科研管理制度创新应体现在加强技术创新、加速科技成果转化和新技术产业化的管理上，使智力、技术和管理要素参与分配，充分调动教师和科研人员从事科技成果转化和高科技产业化的积极性，实现知识产权的社会和经济双重效益，充分体现智力劳动的价值和贡献。

2. 管理手段完善

管理手段完善——全力实施创新管理手段。实施创新管理活动手段包括以下方面。

第一，建立适应知识经济时代的高校科研管理队伍：一是建立学习型组织，完善高校科研管理队伍的知识结构；二是重新调配，用具有现代先进管理理念和文理交叉知识结构的高素质管理人员。

第二，建立智囊化管理机构，改变其一般性行政事务管理机构的现状，即减少传统垂直管理组织体制的中间层次，使基层的业务人员具有充分的决策权、信息处理权，能够自主地进行横向协调，自由共享知识和信息；高层决策者则着重于科研组织的战略性管理决策，沟通各个横向的科研部门和组织，实现科研资源的有效配置。

第三，建立市场化管理模式，引导和组织高校内部的应用型科研机构成为市场的主体，要能够在高校应用型科研机构与企业之间建立常规的有机联系，既为技术找市场，又为市场找技术，实现“产、学、研”的有机结合，促进高校科研成果的产业化。

第四，建立对科研项目课题制管理模式，研究队伍由固定人员和流动人员组成，课题负责人以固定人员为主，流动人员由课题负责人根据研究工作的需要和争取到课题的实际情况自主聘任，受聘人员的相关费用由课题组负担。

第五，创建培育创新人才的培养模式。高校科研管理队伍应根据本院校的实际情况，有针对性地实施科研人才培养计划，构建定位明确、层次清晰、衔接紧密、促进优秀人才可持续发展的人才培养模式。以站在学术前沿的学科带头人为带头人，以具有突出创新能力和发展潜力的青年学术带头人为主体，以广大青年骨干教师为基础和后备力量，支持他们承担不同的科研任务，并在同一科研项目组中进行搭配组合，培养和构建具有自我发展、自我提高能力的科研队伍。要克服我国高校存在教研分离的不足，这种人才培养模式还有助于打破高等教育与科学研究分离的藩篱，将最新的科学研究信息传达到教学第一线，反之又将教学第一线的实践作为科学研究素材，从而实现科学研究与教学第一线的有机结合，推动高校师资水平的提高和高等教育的发展。

第六，创建体现知识价值的分配制度。知识经济的关键就是要体现知识的价值，因此要吸引和留住高层次人才，就必须创建充分体现知识劳动价值的制度，让知识分子的贡献与其工作条件和待遇相符合。具体采取以下措施：①把科研成果和技术投入作为参与收益分配的要素，使有所作为、有突出贡献的科研管理和科研人才能够通过自己的科研及管理活动较大幅度地增加收入，从而提高其政治和经济地位。②树立科学家、管理人才的独特社会形象，并发挥其典型示范作用，带动整个科研队伍的成长。对于开展基础研究的科研人员，要提高他们的福利待遇，让他们集中精力，潜心钻研，追求科研质量，不急功近利，不急于求成。

第七，创建人才、资金的合理投入机制。在知识经济时代，人才与资金的作用同等重要。

一方面，要重视对人才的投入。创新来源于人的智力活动，高校科研管理要适应知识经济的要求，强调以人为本，无论是管理机构，还是直接的科研机构，人才的投入是第一资源，人才将从“成本”概念演变为“资本”概念。对于敢于创新的人才，要彻底打破论资排辈、求全责备的传统思想，真正做到不拘一格选择任用创新人才，使他们的积极性和创造性得以充分发挥。

另一方面，建立适应知识经济时代科技创新研究的资金投入机制。由于基础研究转化为生产力的周期较长，基础研究更需要来自国家和高校研发经费的支持。在高校内部研发经费的投入上必须重视对基础研究的投入，否则将导致基础研究不足，原始创新能力薄弱，高校科技发展后继乏力。因此，对于基础科学和公益型研究，应实现政府投入；而对于应用技术研究，则主要依靠高校和企业来进行。在资金的使用上，要将课题研究的人力成本纳入预算体系，要允许在课题经费中支出部分人员的工资和奖金，让流动研究人员以及博士后、研究生等重要科研力量从课题研究中得到合理的报酬。只有这样，高校科研的有限资金才能用在正确且有针对性的地方，才能激发研究人员和管理人员的积极性，实现资金投入的良性循环，使有限的投入通过研究成果的市场运作创造出更多的资金，实现高校科研的快速发展。

第八，创建项目管理模式。要重视知识产权的创造和管理，通过对科研项目从申请立项、进行研究到成果产生及转化的全过程，实施知识产权跟踪管理，完成对知识产权创造过程的管理。即审查立项时确定该项目预期实现的知识产权具体目标是否切实可行，是否真正具有理论上的开创意义或应用上的经济意义。项目研究过程中，尤其是应用型项目，随时审查其阶段性成果，看是否需要及时申请专利保护，暂不需要申请专利的，看是否要作为技术秘密予以保护。研究人员要发表相关论文的，要确定不涉及科研专利技术的提前泄露。项目成果产生后，首先确定其是否达到了预定的知识产权目标；其次看成果的创新水平；最后根据项目的目的和成果的性质决定成果的保护和应用方式。

在我国，要得到专利保护则必须向中华人民共和国国家知识产权局提出申请并被批准。因此，应当及时为科研成果申请专利，准确评估该成果的价值，积极推动应用型成果作为技术资本进入市场，确保项目投资人的投资得到满意的回报以及科研成果能够应用于社会经济和技术的发展。在促使科研成果商业化运作的同时，不能一味追求商业利益，还要坚持大学的教学、科研和服务宗旨，要在科研成果商业化与高校所承担的知识传授与传播义务之间寻求平衡点。

第三节　高校科研管理的体系阶段

一、高校科研管理的前期阶段

（一）校外课题的来源

课题研究之前的前期管理是校外课题管理的起始环节，主要包括获得课题申报信息之

后的选题、论证和申报工作。校外课题的来源主要有以下三种。

第一，教育科学规划课题，这是根据国家的科研发展规划，在教育领域设立的重要研究课题，包括国家哲学社会科学基金教育学项目；各省（自治区、直辖市）哲学社会科学规划中的教育学课题；教育部和各省（自治区、直辖市），市，区（县）教育行政部门设立的教育科学规划课题。

第二，教师科研的专项课题，这是为了推进各专项工作或为专门的科学领域设立的研究课题，如中华人民共和国教育部人文社会科学研究项目，全国教育科学规划办公室与教育部人事司合作推出的“园丁工程”专项课题，与教育部体卫艺司合作推出的“学校体育、卫生、艺术和国防教育”专项课题、与教育部考试中心合作推出的“教育考试科学研究”专项，全国教育科学规划办设立的“外语教育研究专项课题”等。

第三，委托课题，这是学校受校外某些行政部门、企事业单位、科研机构的专门委托而开展的研究课题除了委托课题之外，行政部门、企事业单位课题的主管部门会每年发布课题申报的信息。学校获得课题申报信息之后，就要组织人力进行课题选题、论证、填写课题申请表等工作。

（二）选题的管理

选题是课题内容与研究任务的高度浓缩与概括，是课题整体思想的集中体现。选题是课题研究中最为重要的一个环节。学校主要应该根据基础教育和学校的发展需要以及学校的实际情况确定有研究价值、具有实际意义的问题作为课题。选题尽量参照课题指南，但也可以根据需要和实际情况自设课题。

选题的基本要求：①科学。要选择教育改革和发展中的真问题进行研究；明确限制研究的时空背景和关键事件等研究条件，有可操作性。②新颖。新颖性选题一般是指尚无人涉足的学术之地、学科前沿的理论探讨、老问题的新视察、新问题的发掘或新策略、新方法的运用以及海外新理论和新视点的引进推广。为此，要对准备选择的课题的研究现状进行收集和梳理。③适中。选题不要太大，也不宜过小，要做到以小见大，小而精深。④实际。选题要考虑学校的学术基础和优势。

（三）课题的论证和申报

选题确定后，高校要组织人力根据课题研究申报书的要求和内容，进行课题论证并填写课题申报书。不同来源的教育研究课题的申报要求不尽相同。但是，一般而言，课题研究申报书包括以下内容：

第一，国际研究现状与趋势。国际研究现状与趋势旨在了解课题申报人是否对自己拟定研究的问题的现状有较为清晰的把握，是申报能否取得成功的基础性环节。

第二，选题意义。选题意义主要说明研究选题在学术（或理论）和实践方面的价值。

第三，研究目的与主要内容。研究目的是指通过课题研究期望达到怎样的理想状态，而研究内容是指在课题研究中主要研究哪些问题。

第四，研究的重点、难点与创新之处。指课题研究内容中应该着重解决的核心问题以及在研究过程中可能遇到的比较难以解决的问题。一个课题研究的难点要明确，不能模棱两可；确定的重点不能太多，一般情况下 1~2 个较为适宜。课题研究中，往往重点和难点是一个内容，但也不完全一样。通过重点和难点的确定，就能够找出本课题研究的特色。

第五，研究设计。研究设计是对课题研究操作的思考，主要包括研究思路、主要方法、进度安排等。研究思路要反映研究问题的操作顺序，有清晰的逻辑线索。研究方法是课题研究采用的主要方法，要清楚这些方法在课题研究中的使用目的和范围。进度安排的阶段性要强，在每一阶段要突出一个重点，阶段与阶段之间要有连贯性。

第六，研究基础和参考文献。研究基础包括前期研究状况、研究队伍、研究的保障条件等。前期研究状况主要指课题组成员已经做的与课题研究相关的工作以及取得的成绩或成果，目的在于让评审专家知道学校选取的课题是有研究基础的，而且有能力完成研究任务。在这部分要列举一定数量的、与课题研究关系最为密切的参考文献。研究队伍主要是指课题研究成员。论证内容主要包括课题组成员的学术背景和研究经验及课题组的组成结构（职务、专业、年龄等）。课题组成员不要太多，所有成员必须是直接参与课题研究的人员。研究的保障条件主要是要明确学校能够为课题研究的顺利开展在时间、经费、图书资料、实验条件、设施设备等方面的保证。

第七，预期研究结果及其去向。预期结果包括阶段性成果和最终成果，阶段性成果反映的是课题组成员在研究过程中取得的成绩，最终成果是整个课题研究成果的集中反映。成果可以是学术论著、学术论文、调研报告，也可以是优秀课例、实验报告等。研究成果的去向是要说明课题研究所取得的成果可以用于哪些领域。

第八，研究经费预算。研究经费是课题顺利实施的重要保证。在进行论证和填写课题研究申报书时，要严格按照有关管理办法中规定的项目去填写；各项经费预算要有依据；申请经费的额度以能够满足课题研究所需为标准；经费预算要留有余地。课题组要对上述

内容进行详细论证，然后认真填写课题研究申报书。填写之前一定要阅读并理解相关要求，经费额度、论证字数等要特别注意。提交的课题申报书表要内容完整、形式美观。

完成了课题论证和课题申报书的填写工作之后，还有一个课题申报程序。在课题申报材料报送之前，学校科研主管部门或教研室应对教师申报的课题进行形式审查，确保课题申报材料的真实性和规范性。审查合格的申请材料，加盖学校科研主管部门或学校公章后，即可报送相关部门。

二、高校科研管理的过程阶段

学校申报的课题研究申报书，主管部门会组织专家进行评审，按一定比例确定拟立项资助项目，经报批与公示后发布正式立项名单。学校课题获准立项后，就要组织实施研究。这期间的管理工作主要有课题开题、中期检查、课题结题与鉴定。

（一）课题的开题

开题是课题研究实施的第一个环节，其目的在于对课题研究做进一步的论证和设计，使研究更具操作性。通过开题，还可以使课题组成员对研究的目标、意义、内容、方法、步骤等有更清晰的理解和把握。课题开题一般以会议的形式举行，它由学校教育科研主管机构组织，参加人员除了课题组成员外，还包括学校教育科研管理人员和评议专家。

课题开题的主要程序是：①会议主持人介绍参加会议的人员；②学校主管领导宣读课题立项通知；③课题负责人做开题报告。开题报告一般包括研究目的或选题意义、课题价值、课题研究的条件、课题国际研究现状、课题内容、研究方法与技术路线、预期成果、研究阶段与任务分工、经费预算等；④评议专家就课题研究提出意见和建议；⑤与会人员就课题研究进行讨论。

课题开题管理，是促进教育科研向规范化、科学化、效率化发展的重要举措，学校教育科研管理部门要认真对待、精心组织。开题前要认真审核课题负责人撰写的开题报告，务求报告全面、翔实、规范。开题会要突出求真务实、力求实效的学术研究氛围，确保与会人员充分发表意见，集思广益，使开题为课题研究起到理清思路、聚焦重点、合理分工、指导实施的作用。

（二）中期的检查

中期检查是课题研究实施过程中的常规性管理。中期检查前，要求课题负责人撰写中期检查报告。报告内容包括研究工作主要进展、阶段性成果、主要创新点、存在的问题、重要变更、下一步计划、可预期成果等。中期检查形式多样，其中最普遍的方式是召开中期检查会议。会议由学校教育科研管理机构组织，参加人员包括课题组成员、学校教育科研管理人员、评议专家以及关注课题研究的相关教师等。

会议的主要程序是：①介绍参加中期检查评议的专家；②课题负责人汇报课题研究的进展情况；③专家进行检查和评议；④与会人员就课题下一阶段研究的问题及策略等进行讨论。

（三）课题结题和鉴定

课题的结题和鉴定是当课题研究结束后对课题研究计划执行情况和研究成果的终结性的评估验收，主要包括三个环节：①课题组向主管部门提出结题鉴定申请，按要求提交结题（或成果鉴定）申请报告、课题最终研究成果、阶段性研究成果、结题报告等相关材料。②主管部门对课题进行鉴定验收。鉴定的方式一般包括通信鉴定和会议鉴定。专家鉴定后要对课题研究及其成果写出鉴定意见。并对课题研究能否通过验收作出判定。③主管部门汇总专家的鉴定意见，发布课题鉴定结果。通过专家鉴定即可结题。

三、高校科研管理的后期阶段

（一）课题研究成果的登记和归档

学校科研成果是指学校教育科研人员或教师对教育科研课题或现象进行研究，获得具有一定学术意义或实用价值的创造性结果。对科研成果登记与归档是学校科研管理的必要内容。及时、准确和完整地统计学校科研成果，促进科研成果信息的交流，助推科研成果的宣传与转化，也为学校推荐科研成果奖励做好前期工作。应用类科研成果（如研究报告、调查报告、实验报告、软件等）在登记时，要提交相关的评价证明（鉴定证书或者鉴定报告、教育科研项目验收报告、采纳证明等）；理论研究成果（如科研论文、著作、工具书等）在登记时，需要提交公开发表或出版的刊物的原件与复印件、各种学术评价意见及成果发表后被引用、转载的证明等。学校科研管理机构对提交登记的成果进行分类整理，审核确认后予以入库归档。

（二）科研成果的推广和转化

学校科研成果的推广与运用是学校教育科研工作的重要内容。推广工作要以实实在在

的效果为基础，精心策划，认真组织，科学实施。学校科研成果推广与运用的形式很多，通常包括：①直接转化式——把科学的结论直接运用于教育实践活动；②交流启发式——通过公开发表、论坛发言、多渠道推广等方式，运用理论或实践成果去影响他人；③形成研究报告或政策建言提交给相关管理部门，直接为教育决策服务。

（三）科研成果的评奖和申报

设立优秀成果奖是教育科研主管部门或相关组织为了对优秀研究成果进行奖励和表彰而设立的，体现了政府或社会对研究成果的认可，也是为了鼓励科研人员继续潜心科研。

教育科研优秀成果奖的主要来源有四个：①上一级教育科研管理部门；②学校本身；③群众社团、学会等民间行业组织；④学术论坛等学术交流平台。优秀成果的评奖范围一般包括公开出版的著作、工具书、论文，调查报告、研究报告、实验报告等。

学校教育科研成果奖的申报程序是：①申报者填写由上级教育科学规划领导小组办公室或相关机构统一印制的教育科研成果奖励申报评审书；②学校教育科研管理机构对申报书审查后加盖公章，签署意见，然后将评奖材料（包括申请评审书、申报成果及其社会反响等）统一上报；③教育科研管理部门或相关机构组织专家进行评审；④优秀成果奖组织单位或教育行政部门对获奖成果下文表彰并颁发荣誉证书，并以一定形式和方式向社会发布与宣传。

第三章 高校科研管理的组织结构

第一节 高校科研组织结构层次与功能

“高水平科研团队是国家科技创新的重要生力军，保持持续创新能力的关键在于选择科学高效的组织”①。下面就高校科研组织结构的层次和高校科研组织结构的功能为例进行阐述。

一、高校科研组织结构的层次

高校教育科研组织机构根据其承担的教育科研工作的性质不同可以分为三类：一是学校的教育科研领导机构，如学校教育科研领导小组；二是学校教育科研的管理机构，多数学校是成立专门的教育教学研究室；三是教育科研的执行机构，如教研组、备课组、年级组等，这些机构按管理能级划分，同样可以分为以下三个层次。

第一，学校教育科研机构的决策层。学校教育科研机构的决策层是学校设立的科研领导小组，一般以校长或主管副校长为组长，其主要职责是：把握学校教育科研工作的全局，领导和制定学校教育科研工作规划；确定重要的研究课题；建立学校教育科研的工作制度；审批科研计划，研究、检查和督导科研工作；保障研究经费的落实；决定学校科研成果的奖励以及重大科研活动；协调学校正式科研组织机构与非正式科研组织机构之间的关系，使之形成合力，共同完成学校科研任务。

第二，学校教育科研机构的管理层。学校教育科研机构的管理层，是学校的教育科学研究室，其主要职责是：负责全校教育科研工作的规划、组织和协调工作；拟订、实施学校有关教育科研工作的条例和规章制度；组织校级科研课题的申报、论证、立项、检查、

①秦安安. 高校高水平科研团队持续创新能力的组织模式研究及启示——基于国家科技奖励获奖团队的质性探索［J］. 北京教育（高教版），2021（4）：72.

成果评审和推广以及向上一级教育科研部门推荐立项课题、优秀成果等工作；组织教师学习教育理论；普及教育科研基础知识与方法；指导教师开展课题研究活动和总结经验；组织开展各种学术交流活动；根据教育改革和学校发展的需要，主持、参与课题研究；组织、承担上一级教育部门、科研机构下达的科研任务；搜集各类教育科学信息，为校长决策和开展教育教学科研提供服务；编辑学校教育科研刊物，组织教育科研成果评奖活动；完善学校教育科研档案管理等。

第三，学校教育科研的执行层。学校教育科研的执行层，是学校的年级组、教研组、备课组和相关管理处室等。各年级组长、教研组长和相关管理部门的负责人组织本部门力量实施研究工作，教师和相关管理处室的员工是学校教育科研工作的具体执行者。

学校中还存在教育科研活动的非正式组织，如群众性科研团队、课题研究小组等。这些组织具有自愿性和广泛性，可以激发更多教师的科研热情，使他们更加方便地开展符合自己特点的研究活动。

二、高校科研组织结构的功能

第一，管理功能。学校科研组织机构的管理功能是指学校教育科研组织机构为了实现学校教育科研的目标，有计划、有组织地对学校内部的人、财、物、时间、空间、信息等进行协调而产生的功效和作用，主要表现在对学校科研规划的管理、课题管理、成果管理、教育科研队伍管理、教育科研情报管理、教育科研经费管理和教育科研档案管理等方面。

第二，研究功能。研究功能是学校教育科研组织机构最重要的功能，主要表现在：①研究本校教育改革与发展中亟须解决的重大问题；②分析学校现状，通过学习、借鉴、发展和创新，选择先进的教育理论和教育经验应用于本校的教育改革实践；③总结本校成功的教育经验，从中探索促进本校教育发展的规律，丰富教育理论。

第三，培训功能。学校教育科研组织机构的培训功能主要表现在组织教师学习先进的教育理论，转变陈旧的教育观念；指导教师掌握教育科研的基本方法，提高教育研究能力；帮助教师总结自己的教育教学经验或应用他人的先进教育教学经验，提高教育教学质量。

第四，服务功能。学校教育科研组织机构的服务功能是指学校教育科研组织机构通过教育科研为学校教育改革、教师专业发展、提高教育教学质量服务的功能。例如，为学校领导制定学校发展规划和进行决策提供咨询服务；举办教改信息专题报告会或编辑“教改动态”，为学校教育改革和教育科研提供教育情报服务；进行课题研究，解决学校教育改革中的实际问题，为学校教育改革实践服务；发挥自身的培训功能，为教师专业发展服务；推广和应用教育科研成果，为提高学校教育教学质量服务等。

第二节　高校科研管理的传统组织结构

我国高校现行科研管理组织结构是在长期的管理实践中逐步形成的。随着国家市场经济的逐步建立，高校科研管理体制也在逐步改革，对不适应市场经济条件的管理体制进行调整或重建。科研管理体制也在适应经济社会发展变化的要求中不断探索，目前大多数高校的科研管理组织结构安排主要采用的是直线职能制。

一、高校科研管理传统组织结构的内容

由于中华人民共和国成立初期，我国高等学校院系进行了大规模的调整改革，取消了中华人民共和国成立前旧大学普遍设立的学院，设立了若干苏联特色的教学研究室，由此作为“教学的基本组织”，形成了持久稳定的“校—系—专业教研室”的组织结构模式。直到20世纪80年代中期，随着经济体制的改革，国家经济建设需要大量的专业技术人员，大学培养的人才知识面狭窄的缺陷日益显现出来，制约了我国高等教育与经济的发展。因此，我国高校普遍进行了学院制改革，学院制改革中权力的配置以纵向权力的调整为主，管理权部分下放，并力争加强学科间的联合，培养知识面宽、适应能力强、有创新能力的复合型人才。

随着学校办学自主权的扩大和科学研究比重的增加，我国高校相继出现了教研室（组）改造、创建研究所（室）等一系列举措。目前，我国高校的科研管理组织结构大体上出现了以下具体形式：校—院，系—研究所（室）、校—院/系—专业、校—院—系、校—系，系级研究所—研究室、校—院—系—专业教研室、校—院/系/研究所—研究室/专业教研室等。

不管是校、院/系、室三级管理形式，还是其他几种形式，在保持直线的统一指挥前提下，又设立了承担具体管理职能的部门。由此可见，这些组织结构理论上属于金字塔式组织结构，是一种直线职能制的组织结构。直线职能制是一种以直线制结构为基础，校长负责，下设相应的职能部门，实行校长统一指挥与职能部门的参谋、指导相结合的组织结

构形式。校长对各级科研管理部门均实行垂直式领导，各级直线管理人员在职权范围内对直接下属有指挥和命令权力并对此承担全部责任。职能管理部门没有直接指挥权，其职责是向上级提供信息和建议。

一些高校对科研管理组织结构虽进行了尝试，对一些短期的、技术简单、参与人员少的科研任务实行课题负责制等，取得了一定的效果，但毕竟是局部的，没有形成整体框架，配套管理跟不上，往往流于形式。传统的科研管理模式，课题责任人的自主性较弱，受到的行政干预较多，积极性与创造性无法得到充分发挥。同时，各种科研资源难以打破单位界限、部门界限和所有制界限，不利于人才流动机制的建立。大学的学术研究需要给予大学教师一个自由宽松、充分授权的工作环境。只有扁平化的组织，才有利于信息的沟通、团队的建立、工作的创新。总而言之，目前我国大学的组织结构模式仍存在一些不足，需要调整和变革。

二、高校科研管理传统组织结构的不足

单一化的纵向管理模式固然具有传递命令方便快捷的特点，但随着知识经济时代的到来，它使得高校不能适应外界社会迅速变化的需要而及时改变或调整科研的内容和方向，换言之，对变化的反应不敏捷。各个学院、院系行政界限分明、壁垒森严，不仅阻碍了不同领域学者学术上的交流，减缓了知识的发展速度，也不利于科研基础性资源的共享，造成资源配置的不合理和浪费。一般而言，在高校的科研管理活动中，采用单一的直线职能制的组织结构进行科研管理容易产生以下问题。

（一）体制缺乏必要的灵活性

"金字塔形"科研管理体制下，层次过多影响了信息传递的效率。知识和信息逐层从一个部门流向另一个部门，知识和信息只掌握在少数人手中，信息和决策在金字塔的底层与顶层之间来回流动。由于不同形式的科研活动，在人员组成、工作思路、运作方式等方面往往存在较大的差异，需要不断地开阔思路、开拓创新，以适应千变万化的发展趋势，这种管理体制对外界的变化反应不敏捷，不能适应外界迅速变化的需要，不能知识共享，不能很好地让科研机构之间、科研机构与外界建立广泛的联系。

（二）科研产出效率较低且创新不足

当前，国家对科学技术的投入，不管是科研经费的绝对值，还是科研经费在国内生产

总值中的比例均呈持续增长的状态。

国家投入的科研经费呈逐年递增趋势，但与之相对应的科研机构的产出比例却比较低，高校科研经费的使用状况不容乐观。造成科研经费使用效益低下局面的主要原因是传统科研管理体制下形成的科层制组织结构，机构重叠、效率低下。因此改革已经不能适应高校科研发展需要的科研管理体制是提高知识创新效率的关键所在。

当今是综合的时代，科学发展的历史表明，科学上的重大突破、新学科的产生经常是在不同学科的相互交叉渗透中形成的。科学研究的突破点在学科之间的“无人区”。而层次过多，说明管理幅度过小，不利于学科间的横向交流和交叉渗透，容易形成“隧道视野”，妨碍各学科的相互渗透和新知识的产生，不利于产生新的科研生长点，与当前进行的改革相背离，不符合时代的要求。

（三）高素质创新人才的培养受到影响

直线职能制的科研管理组织结构，无论是哪种具体形式，在基层都是按学科划分和设置的，在这种模式下培养出来的学生往往只具备一定的专业知识，其他领域的知识和技能相对比较薄弱。而当今社会需要的是一专多能的人才，高校作为人才培养的基地，要输出社会需要的人才，就必须加强跨学科教育，而组织跨学科科研不仅有益于科研创新，更可以培养符合时代需要的创新型人才。

高等学校中主要有两种权力——行政权力和学术权力。行政权力是指学校行政机构和人员为实现组织目标，运用有效的管理方法依据一定的规章对学校工作的计划、组织、指挥、协调和控制。学术权力指的是学术人员和学术组织所拥有和控制的权力。学术权力的主体是学术人员和学术组织，在高校的学术人员包括拥有学术头衔的人，诸如教授、副教授、讲师等，高校的学术组织包括决定学术事务的组织，诸如学术委员会、教授委员会等。学术委员会是校长或有关副校长领导和主持下的学术评议机构。

我国高等学校管理由于长期受计划经济模式和直线职能制组织结构的影响，高校管理模式机关化，陷入了管理多层化的误区。在传统的科研管理组织结构模式下，学术管理中，专家和教授在日常学术事务处理中，履行上级部门指令的职责，决策管理往往以行政权力为中心，学术权力在很大程度上由行政权力代替。

高校学术委员会理应拥有广泛的学术权力，在大学学术决策、管理中发挥重要作用。但是，实际上重要学术事务的决策主要通过校长、校长办公会议或校党委常务会议直接讨论决定。许多大学的学术委员会还没有建立起正常的活动程序和作用机制，它参与决策的

范围、程度都不清晰，平时被放在一边，在大学学术管理中起着微弱的咨询和参谋作用，缺少对学术事务实质性决策的权力。即使在学位评定、职称评审等学术委员会中，教师代表也只是在行政部门制定的原则下发挥有限的作用，力量是非常薄弱的，也不可能实现所谓的“学术自由”，这严重抑制了教师作为高校科研主体力量的创造性和积极性。

事实上，高校的学术事务应该由专家进行管理，这已成为国外大学学术管理的通则。针对我国目前高等学校权力构架里面学术权力与行政权力不平衡、不协调的实际情况，通过组织制度确立学术组织的权力地位，树立其应有的权威，提高学术权力对科研创新的推动作用，应该是在科研管理组织结构设计中必须考虑的。

第三节　高校科研管理的现实组织结构

高校的科研管理组织要发挥其功能，不断促进科研创新，取得良好的效益，就必须遵循和依据组织结构理论来进行组织结构设计。高校科研管理组织结构的变化不仅要顺应时代发展和外部环境的变化，而且要依据学校自身的特点，进行具体问题具体分析，才能使组织有效地运转。

随着信息化时代和知识经济的到来，经济的知识化、信息化、网络化、虚拟化、中空化以及全球化为创新管理提供了良好的基础，新型的管理模式已经形成，对高校科研管理的组织适应能力提出了很高的要求，同时也为有效的组织结构实施提供了技术保障。现代组织的设计要求柔性原则，这是相对于传统金字塔式的刚性结构提出来的。所谓组织的柔性，是指组织的各部门和人员都是可以根据组织内外环境的变化而进行灵活调整和变动的，组织的结构保持一定的柔性可以减少组织变革所造成的冲击。注重研究的高校以知识创新为己任的特点，决定了高校科研管理组织结构应该比较柔性化，应该为知识创新的组织单元提供自由和宽松的研究环境和条件，提供有利于消除行政组织壁垒的跨部门、跨学科的学术研究。

一、高校科研管理现实组织结构的特征

美国加州理工学院天体物理学系 F·茨维基教授发明了一种通过建立系统结构来解决问题的创新方法，名为“矩阵管理法”，后来被推广为激励创新的一种管理方法。所谓“矩阵管理法”就是为了某一工作目标把同一领域内具有相当水平的创新元素组成一个纵

横交错的矩阵，通过管理使矩阵元素及行列按一定的数学规律变换，从而创造条件，激励创新。

高校科研管理组织结构模式可以借鉴这种“矩阵管理法”，根据研究的需要自由组合研究人员，以学校科研管理部门为协调的枢纽，提供研究的财力、设备等，满足研究的条件；横向以课题为中心，纵向以各院、系、所有相关研究人员为元素，为课题的解决组成跨学科的研究小组或攻关小组。实现跨学科、跨院系、跨领域的研究结合，充分利用网络技术，在学科的交叉点上，实现科学研究的创新。

矩阵制科研管理组织结构面向问题，名称不一，灵活多样，在问题导向下，为解决特定的问题，会产生特定的课题组。课题组作为矩阵制科研管理组织结构的基本单元，其成员同时接受来自学院与项目（问题）两个方面的领导。人员可能是来自某一个学院或者研究室，也可能是来自多个不同的院系或者研究所、实验室，甚至其研究人员来自校外，可能是别的大学，也可能是社会上的研究院、所或企事业单位。他们既要同各院系及职能部门保持组织及业务上的联系，又要进行与该项目、课题有关的工作或部分工作，完成项目负责人分配给其的任务。从行政隶属关系上而言，课题组人员直接受院系负责人的领导，承担教学、科研工作，在体制编制上直接归属于该院系，其工资、奖金、晋升、职称方面由学院管理。从项目管理体系上看，课题组负责人对课题组成员在项目上的成长与发展直接负责，负责整个项目（课题）的进度和质量，并要经常对成员进行业务上的领导；来自各院系的成员在课题组中不仅可以获得科研经费，结识更多的研究伙伴，更可以提升自己的学术科研能力。

二、高校科研管理现实组织结构的优势

高校科研管理现实组织结构即矩阵制高校科研管理组织结构，不仅有利于知识的创新、人才的培养，而且有利于学科的交叉渗透及与外部的交流，保证了科研管理职能的发挥，应成为以研究为主的高校组织结构变革中可选择的最现实的组织结构形式。因为，相比传统的科研管理的直线职能制组织结构，它确实拥有很多的优势，具体如下。

第一，有利于提高科研效率。传统科研管理的“金字塔形”组织结构的信息与决策的传输路线长、环节多、速度慢，对环境反应迟钝。矩阵制结构采用的是分权管理，扁平形、层次少，减少了中间层次，缩短了信息通道，加快了决策速度。把完成同一任务所需的有关人员集中在一个课题组里，利用信息的横向交流，使信息利用更及时、更充分，便于及时讨论与决策，并能根据市场变化及时调整研究方向。课题组可以在最短的时间内调

配人才，组成团队，集中不同职能的人才，解决复杂的高难度问题。

第二，有利于促进科研创新。矩阵制结构在创新过程中不断吐故纳新，淘汰失去创新活力的元素，吸收新发现的创新元素。被淘汰元素恢复创新活力后可再被吸入矩阵，从而产生比矩阵中原有创新能力更高级的创新。把矩阵中纵横交错排列的元素用信息技术网络连接起来，每个元素都是网络中的一个信息节点，其中最为活跃、创新能力最强的一个或几个节点就成为创新结点，创新目标最有可能在创新结点上实现。

第三，有利于合理高效地配置科研资源。采用矩阵制结构，能够集成组织内部不同部门之间的知识和技能，可根据完成某一特定任务的要求，把具有各种专长的人员调集在一起，充分利用人力与物力，做到集思广益、各展其能，避免了科研资源不必要的浪费。通过课题组的形式，使各个学科、院系的资源能够共享，从而节约了建设资金。

第四，有利于各学院之间的交流与协作。矩阵制结构通过具有横向报告关系的管理系统，把各院系有关的研究人员联系起来，便于沟通信息、交换意见；各学院之间的边界变得灵活和松散，减少了行政权力对不同学科领域的交流的行政阻隔，使得学术流活跃，行政流畅通；同时，有关的研究人员参加了项目小组以后，承担着共同的任务和目标，整体观念得到了加强，这些显然能够促进院系之间的协作。

第五，有利于复合型创新人才的培养。长期固定在一个学院里，身边接触到的都是同一学术领域的人员，不利于开阔眼界和发明创新。在矩阵制组织结构中，通过课题组的形式，科研人员能够与不同学科领域的人进行学术上的交流，能够接触到更多的知识和技能，可以实现人员之间的专业互补，扬长避短，相互借力和支撑，弥补各自的缺陷和不足。这有利于综合才能的复合型创新人才的培养。

三、高校科研管理现实组织结构的不足

在看到矩阵制组织结构在高校科研机构中有着很强的发展潜力、表现出多方面的优越性的同时，还应看到它存在的缺点和应用的局限性。

第一，组织的临时性产生注重局部利益与责任不清的问题。有时课题组或项目组等新组织的运作与科研机构长远发展战略不一致，过分注意小团体利益。在责任承担方面，人员受双重领导，有时不易分清责任，动力不足，影响了组织的效率。习惯于在本学科领域进行教学及科研工作的人员一旦进入新的环境，可能对不同学科领域之间的交流与合作不适应，从而在短期内不能高效率地开展工作。

第二，成员的学术权威性和角色冲突性。项目组成员同时是某个院系、学科的成员，

有的成员还是行政职能部门的成员，这个“交点”因而具有每个行列的属性，当不止一个行列都来要求它分担责任、奉献忠诚时，就引起了角色冲突。参加项目的成员来自不同部门，隶属关系仍在原单位，成员位置不固定，有临时观念，有时责任心不够强，若没有足够的激励手段与惩治手段，项目负责人对他们管理就很困难。

四、高校科研管理现实组织结构的注意事项

矩阵制科研管理组织结构的局限性更多的是在执行过程中产生的，有效克服其弊端是在科研机构运用矩阵制管理取得效益的关键。在实际应用中结合科研组织的特点，加强管理，克服不足，提高矩阵制组织结构的效率，发挥其优势。

第一，充分运用信息技术加强信息共享和沟通。充分利用高校科研技术领先和设备先进的优势，运用信息技术提高沟通的效率。传统技术无法处理的指数级增长的信息量和复杂的人际关系在强大的计算机信息处理能力面前迎刃而解。建立一个完善的信息管理系统，作为成员之间、上下级之间高效率沟通的平台，达到政策和信息共享，实现“跨越时空界限”的交流。

充分运用互联网的巨大作用，加强信息的传输，通过电子邮件、视频会议等通信技术可以在同一时间将信息在整个组织范围中扩散。同时，采取制度性或结构性措施来保证沟通的有效性，如召开定期沟通例会或结构性地设立一个负责协调的岗位，如专业的监督委员会、特别小组等，解决跨部门沟通问题，使部门围墙透明化。

第二，注意配备好矩阵两个方向的负责人。行政领导与项目领导的合适人选是保证矩阵制科研管理组织结构和谐运作的重要保障。一般而言，行政负责人要求有较强的组织能力和协调能力，最好是配备具有广博知识、具有创业精神和组织能力的年富力强的专业人才，这种人才还要善于共事合作，能处理好同各方面（各职能部门、各学科组）的关系。课题组或者科研团队负责人一般应是在学术方面有较深造诣的学科带头人，拥有个人的人格魅力和学术权威。

第三，利益引导，交流思想，通过共同的团队文化提升凝聚力。要在团队内部形成一种互相交流、互相合作、协作共进的氛围，使不同学科领域的知识在矩阵制科研管理组织结构内部融会贯通，促进学术交流与创新；另外，在处理不同利益之间的再分配问题时，科研院所可以通过制度化的形式让研究人员和技术人员的利益得到保障，如加强知识产权的保护，承认科研人员的贡献和努力。有的科研单位实行实时施奖，对创造出重大科研成果的个人奖励即时兑现，有效地调动了科研人员的积极性。

在矩阵制科研管理组织结构中，这些设置灵活、形式多样的课题组或者科研团队使高校生机勃勃，洋溢着自由研究的氛围，并达到较高的研究水准，为社会提供了大量的科研成果。未来，科研团队作为科研管理最有效的组织，将成为高校科研组织结构中的基本单元，形成高校学术创新的主要力量，使高校科研沿着灵活有序的方向发展。

总而言之，矩阵制科研管理模式，既保证了科学研究自由探索的需要，又顺应了“大科学”时代科学研究的需要。

五、高校科研管理现实组织结构的具体实施

矩阵制高校科研管理组织结构的具体实施——组建科研团队。课题组是矩阵制科研管理组织结构的基本单元。为了避免课题组在实际操作中出现非正式组织结构的缺点，变成一种沙龙性质的组织形式，此处提出要建设高校科研团队，从而保证科学研究的稳定性。跨学科研究已经成为科研活动的一个新方向，不同学科的交叉、交融已经成为现代科研活动的一个显著特点。只有众多不同背景的科研人员相互配合，形成一个团队，围绕某一个重大前沿问题，进行有效合作，才能更好地实现既定目标。

所谓科研团队，是指以共同的科研目标为基础，通过某种独特的方式结合在一起的从事科学研究的群体。科研团队具有如下特征：①以共同的活动为基础，团队成员之间相互联系、相互协作，团队成员有着共同的行为规范，其行为规范反映团队成员共同的价值目标；②具有一定的组织性，团队成员在团队中有着一定的地位，各自扮演着不可替代的角色，其中最重要的成员是团队带头人，是带领团队实现科研目标的关键成员。科研团队非常强调团队的特征。团队是一种永久性的任务小组，而且经常与专职整合人员一同使用，组织在开展大型的项目、重大的创新或开发全新的产品线时，设立跨职能的团队是一种常用的解决办法。

由此可见，科研团队又同一般的课题组存在明显的不同之处。科研团队是相对固定的。科研团队通常存在一个核心小组，即使当科研团队因某个科研项目完成而解体后，此核心小组依旧存在，但这个核心小组本身并不是科研团队，在组建新的科研团队之前，科研核心小组的主要任务是寻找科研项目并申请科研项目立项，当申请科研项目立项成功之后，核心小组将着手邀请外围人员组成科研团队。而课题组不存在核心小组，当科研项目完成之后，工作小组成员彼此之间就宣告解散，甚至就很少联系了。科研团队是一个相对独立的科研实体，为保证其正常运作，实现团队的科研目标，需要建立科学的团队管理机制，以保证整个科研管理矩阵制组织结构的协调发展。

第四节　高校科研管理的未来组织结构

知识经济时代的呼唤、网络浪潮的影响，推动着管理范式的变革。目前管理范式正向着重人力资本、重知识创新的知识管理转变。面对新的动态竞争环境，组织结构的灵活性显得尤为重要。扁平化、松散化、虚拟化是组织结构变化发展的必然趋势，高校科研管理必将面临虚拟时代管理范式的挑战。

一、高校科研管理未来组织结构的特征

高校科研管理的未来组织结构即虚拟高校科研管理组织结构。在信息技术高速发展、经济全球化和竞争国际化不可逆转的形势下，面对市场信息的多变性、需求的复杂性、学科的交叉性、技术的综合性和资源的有限性，各研究机构和企业充分认识到仅靠自身的力量无法应付市场的瞬息万变和技术交叉融合发展的需要，难以维持原有的竞争力。于是，联合研究开发成为一股不可阻挡的潮流。正是在信息化、网络化的背景下，虚拟研发作为各研究机构有效借助外部力量和资源的创新模式，已经越来越广泛地被应用到研究机构的创新活动中去。

（一）网络化与虚拟化

在未来大学特别是研究型大学中，网状的结构更加适应科研创新的要求。网状科研管理组织结构的结点是各研究小组、工作站、课题组、项目计划团队等，各结点之间的关系是平等的、非刚性的。以校内高水平的、具有辐射力的学术组织为核心，利用发达的计算机网络通信，与社会信息人员、信息的输入与输出联系，与其他的单位共同组成科研项目组，或者合办学院、科技中心等，从而在校内外建立起纵横交错的科研网络，促进科研组织全方位的信息沟通，使高校科研产业开发较快发展，同时提高科研单位对环境的应变能力和创新能力。

随着科研组织的虚拟化趋势不断加强，对高校科研管理水平和能力提高的要求也日趋紧迫，这就需要在高校内部、高校之间或企业之间进行资源组合。网状的科研管理组织结构进一步虚拟化。科研虚拟组织结构是这一变化的产物。科研管理虚拟组织结构围绕某一研究目标和内容，把所需要的各种研究资源和必要的组织功能联合在一个新的“柔性组

织”中，建立一个较紧密的跨越时空的合作联盟。建立在信息网络上，通过运用先进的网络技术和信息系统基础结构把不同学科领域、不同地区、不同行业部门的人才资源迅速联合成一个虚拟整体。换言之，组织的柔性就体现在研究所的人员构成、规模、范围和领域的可调整上。

（二）行政权力淡化

流程管理服务理念，淡化行政权力。传统科研管理范式涉及的主要要素是人、技术和组织结构，而虚拟化管理范式则强调管理范围是整个科研流程，涉及组织的所有要素，时间、空间和信息也成为管理的要素，这就给传统的科研管理理念带来较大影响，服务成为科研管理哲学，行政权力逐渐淡化。

（三）成立虚拟科研团队

最具代表性的组织形式是虚拟科研团队。虚拟科研团队是围绕一个共同的科研项目临时组织成立的科研团队，它的组织相对不稳定，成员随项目的进展随时会发生变动；项目成员对于项目的参与程度各不相同；成员之间的关系也相对松散，以致在大多数情况下，在团队成员甚至在科研项目管理者眼里，并没有把它视作一个真正的团队。在传统沟通方式占主导地位的环境下，为了保证团队成员之间的有效沟通，团队的组织边界不可能很宽；而虚拟科研团队因为依靠信息技术为支撑，一个虚拟的科研团队可以产生在很多的科研团队之间，甚至是跨地区、跨国界的组织形式，进行跨区域的实时交流，完成特定任务，因而组织边界非常宽泛。

二、高校科研管理未来组织结构的优势

与传统科研管理组织结构相比，虚拟化的科研管理组织结构具有突出的优点，具体如下：

第一，提供科研创新的环境。虚拟化的组织结构具有知识性、创新性的特点，是一个知识型、学习型的新型组织，它减少了管理层次，缩短了信息通路，以最低的柔性成本对外部需求作出敏捷的组织变化，加快了决策速度，提高了研究与开发的效率。随着现代科学技术的发展，科研和技术创新活动对跨学科、多领域的知识集成的依托日益加强。知识集成的前提或实质是人才的集成，虚拟组织可以把具有不同学科和技术背景的人才整合到一起，宽松的环境可激发研究人员奔放的思维和灵感，而科研成果则是人才的创造性劳动

和宽松的研究环境相结合的产物。

第二，拥有丰富的科研资源。虚拟科研管理组织结构突破了传统的科研单位的界限，比传统的组织结构拥有更丰富的资源，可以在各种组织之间相互渗透和延伸，使国内外的科技、教育和企业联系密切，大量利用内外部资源进行技术研究开发，可以在更大的规模和范围内对资源进行优化组合。虚拟科研管理组织结构为知识共享和终身学习提供了基础，使高校科研和高科技企业实现优势互补、国际上人才实现优势互补，以低成本达到组织柔性的目的，从而获得高水平的研究成果。同时，网络式扁平结构，极大程度地简化了管理程序，减少了管理层次，缩短了信息通路，使快速、完备和准确的信息流通成为可能。

面对纷繁复杂的网络化环境，科研管理组织虚拟化，是必然的发展趋势。高校如何在动态的竞争环境中把握自己的方向、培育自身的科研特色、多出创新成果，成为必须考虑的重要问题。因此，在虚拟管理时代，构筑高校科研核心竞争力至关重要。

核心竞争力是指企业开发独特产品、发展独特技术和发明独特营销手段的能力。核心竞争力是某一组织内部一系列互补的技能和知识的结合，它能使一项或多项业务达到世界一流水平。核心竞争力具有与众不同之处，一项能力要成为核心竞争力，还必须是独树一帜的能力。如果某种能力为整个行业普遍掌握，就不能成为核心竞争力。在虚拟组织结构状态下，要想在竞争中站稳脚跟，高校必须提炼、整合、培植独特的专长，以构筑高校科研核心竞争力。

随着实践的发展，虚拟组织结构的优势初见端倪。然而，虚拟科研管理组织结构不可能解决研究方面的一切问题，其产权模糊性问题带来的复杂问题需要进一步研究解决，而且目前它是否具有通用性和普遍适用性，只有人类社会进入了全面知识化时代，才能作出判断，它面临着人们观念转变的巨大挑战。但是，科研管理组织结构虚拟化的发展趋势，无疑是不可逆转的。

第四章 高校科研团队建设的管理

第一节 高校科研团队管理理论的构建

“高校科研团队建设离不开高校科研团队管理。高校的特殊性决定了在对高校科研团队进行管理的过程中，不仅要运用高等教育管理的一般理论，而且要深刻理解高校科研团队管理的独特之处，构建高校科研团队管理目标、管理原则和管理方法等基本理论。”①

一、高校科研团队管理目标

高校科研团队管理目标是管理主体在一定时期内对高校科研团队进行有效管理所要达到的预期。高校科研团队管理目标是高校科研团队管理目的或宗旨的具体化，是高校科研团队管理活动的出发点和归宿，是高校科研团队管理主体争取达到的期望状况。高校科研团队管理目标是为实现高校科研团队目标服务的。高校科研团队的目标是创新，高校科研团队管理目标是为高校科研团队取得创新成果服务的。

高校科研团队的特殊性决定了高校科研团队管理目标的特殊性，使高校科研团队管理目标具有如下特性：①模糊性。高校科研团队管理目标取决于高校科研团队目标，而高校科研团队的目标是创新。高校科研团队的创新达到何种程度，很难用精确的量化指标来衡量，从而决定了高校科研团队管理目标难以衡量，具有模糊性。②层次性。高校科研团队管理主体的层次性决定了高校科研团队管理目标的层次性。政府及其主管部门、高校及其科研管理部门、高校科研团队负责人等都对高校科研团队负有管理责任，他们对高校科研团队的管理目标各不相同。高校科研团队管理目标可以分为总目标、分目标和子目标等不同的层次目标体系，不同层次的管理主体对应不同的管理目标。③多样性。由于高校科研团队创新的广泛性和复杂性，决定了高校科研团队管理目标的多样性，从管理目标的期限

①张茂林. 创新背景下的高校科研团队建设研究［M］. 北京：中国社会科学出版社，2014：67.

来看，有长期管理目标、中期管理目标和短期管理目标；从管理目标的对象来看，对不同层次的高校科研团队有不同的管理目标；从管理目标的内容来看，有取得创新成果目标、培养创新人才目标等。

高校科研团队管理目标有三个重要作用：①导向作用。高校科研团队管理目标对管理主体和团队成员都有很强的导向作用，使管理主体和团队成员形成一股合力，朝着预定的管理总目标前进。②控制作用。高校科研团队管理目标是管理主体在一定时期所要达到的预期目标。管理目标是高校科研团队管理活动的控制阀，使高校科研团队及其管理主体都处于目标的控制之中，并根据预期目标及时调整和纠正高校科研团队管理活动中出现的偏差。③激励作用。切实可行的高校科研团队管理目标对管理主体和团队成员有一种内在激励作用，当达到管理目标时，他们会获得一定的物质奖励或报酬，有一种成就感、荣誉感，会形成一种有效的物质和精神激励作用。

二、高校科研团队管理原则

高校科研团队管理原则是从事高校科研团队管理时应遵循的行为准则和基本要求，它源于人们对高校科研团队建设客观规律的认识，是高校科研团队管理经验的概括。构建高校科研团队管理原则，主要包括以下内容。

（一）整体性原则

现代管理活动必须从系统原理出发，高校科研团队管理主体把管理范围内的高校科研团队管理对象视为一个系统。系统的最大特点在于整体功能大于各个部分之和，这一原理为整体性原则提供了理论依据。高校科研团队管理的整体性原则，就是以科研创新为核心，从整体上把握高校科研团队管理系统的环境，分析系统的整体性质、功能，确定出总体目标，然后围绕总体目标进行多方面的合理分解、分工，以构成系统的结构与体系；在分工后，对各要素、环节、部分及其活动进行系统综合，协调管理，形成合理的系统流通过程，以实现总目标，这种对系统的“整体把握、科学分解、组织综合”的要求，即整分合原则。

整分合原则即整体性原则，是指为了实现高效率管理，必须在整体规划下明确分工，在分工基础上进行有效的综合。整体是前提，分工是关键，综合是保证。管理必须有分有合，先分后合，这是整分合原则的基本要求。高校科研团队的合作特性决定了高校科研团队管理必须从整体出发，协调各环节和各方面的管理工作。和谐、团结、协作对高校科研

团队管理的整体性原则是必要的，但在实际运作中，高校科研团队存在多种形式、不同强度的冲突，及时诊断并将冲突的破坏减少到最小限度，是维护整体性原则的一个重要方面。高校科研团队管理的整体性原则，要求高校及其科研管理部门把全校的科研团队作为一个整体进行管理，把科研团队建设与学科建设、人才培养等紧密结合起来，为建设创新型高校服务。

（二）动态性原则

事物的静止是相对的，运动是绝对的。高校科研团队管理系统总是处于不断变化和运动的发展过程中，并与外部环境处于动态的相互作用之中。高校科研团队管理系统作为一个有机体，在高校科研团队动态的生长和发展过程中，必须时刻关注团队外部环境系统和内部结构系统的发展和变化，根据这种变化不断地进行调整，以适应内外环境的变化，特别要关注可能出现或已经出现的影响团队健康发展的矛盾、问题和困难，采取措施及时消除，从而实现团队的持续发展和不断创新。运用管理学中的权变理论对高校科研团队进行管理时，要从有效实现高校科研团队管理目标出发，贯彻管理的动态性原则。随着科研新领域、新课题和新方法的不断出现，科学研究处于不断的发展变化之中，决定了高校科研团队整体状况和个体情况都是发展变化的，从而也决定了高校科研团队管理处于变化发展之中。在动态性原则指导下，高校科研团队管理必然重视改革旧体制、旧方法，以适应高校科研团队变化发展的管理需要。

（三）多样性原则

高校科研团队管理的多样性原则是建立在高校科研团队管理目标多样性、高校科研团队系统能量大小和条件差别基础上，是根据高校科研团队的科研任务特点和条件，分别提出切合实际的科研创新要求，采取与之适用的措施进行管理。由于不同地区、不同高校、不同学科的高校科研团队差别比较大，实行多样化的高校科研团队管理是基本要求。多样性是高校科研团队的基本特征，也是高校科研团队管理的必然要求。

高校科研团队管理的多样性主要应体现在：高校科研团队在组织规模和组织结构、组建方式和管理模式、政策导向和支持方式以及评价标准和评价方式等方面都具有多样性。科学的发展既高度分化又高度综合，决定了“小科学”越来越小，“大科学”越来越大。与此相适应，高校科研团队的规模也是可大可小，根据学科性质和创新条件不同，选择最适合的组织结构。既要有围绕国家重大战略目标、依托重点平台基地组建的大型或集团高校科研团队，也要有鼓励科研人员从兴趣和好奇心出发组建的中小型高校科研团队。从而决定了高校科研团队的组建方式和管理模式、政策导向和支持方式、评价标准和评价方式都具有多样性。

（四）民主性原则

高校科研团队管理的民主性原则，是指在高校科研团队管理工作中实行民主集中制，充分调动全校师生员工和团队成员的积极性和创造性，共同参与高校科研团队管理工作。实行高校科研团队管理民主是由我国的制度决定的。在我国，人民是国家和社会的主人，师生员工参与高校科研团队管理是他们的根本权利，只有尊重他们的这种权利才能把高校科研团队管好。高校科研团队管理的民主性还表现在，高校科研团队的管理对象具有很强的学术性、专业性，管理主体必须尊重专家学者的意见，给予高校科研团队成员充分的学术自由和科研自主，避免对高校科研团队的科研活动进行过多的行政干预。贯彻高校科研团队管理的民主性原则，要求在管理高校科研团队时，政府对高校实行民主；高校及其科研管理部门对高校科研团队民主；高校科研团队负责人对团队成员民主。只有在这三个层面实行真正的民主，才能名副其实地贯彻民主性原则。

（五）导向性原则

高校科研团队管理的导向性原则，是指在高校科研团队管理工作中，需要以科研创新为管理目标，促使高校科研团队在培养创新型人才、培育创新型高校、取得创新型成果过程中，为支撑创新型产业、建设创新型国家发挥重要作用。另外，高校科研团队管理主体必须坚持国家的政策和方针，在学术自由和科研自主的基础上，处理好管理与服务的关系，为高校科研团队创造良好的科研平台和学术环境，促使高校科研团队不断取得创新型成果，培养创新型人才。贯彻高校科研团队管理的导向性原则，要求在管理高校科研团队时，政府制定科学合理的管理法规和政策，引导高校科研团队为建设创新型国家服务；高校及其科研管理部门认真执行政府制定的法规和政策，为高校科研团队创新良好的科研环境，引导高校科研团队为高校目标服务；高校科研团队负责人在实施团队内部管理时，引导全体团队成员为实现团队科研创新目标而努力。

（六）绩效性原则

高校科研团队管理的绩效性原则，是指按照高校科研团队管理目标要求，力求用比较

少的人力、财力、物力等科研资源，取得比较大的科研创新成果，培养比较多的创新人才。追求效益是人类活动的基本目的，也是现代经济与社会生活的基本特征。高校科研团队管理必须坚持效益优先：①坚持人才效益。高校科研团队之所以能成为团队，而不是简单的个人叠加，是因为团队具有能力放大的特性。所以，要根据需求合理设置团队内部岗位，招聘最优秀且最适合的人到相应的岗位上，做到人尽其才、人尽其责。同时，要加强团队内部文化建设，强调团队的共同愿景以及每个团队成员的合作精神和沟通能力，使团队成员在科研创新过程中不断成长。②坚持物质效益。要合理配置团队所拥有的人力、财力、物力、信息资源等，做到资源共享、信息互动，力求物质效益最大化。用尽可能少的资源，取得尽可能多的科研创新成果。③坚持成本效益。强化高校科研团队成本意识，加强团队内部科研创新成本管理，降低科研创新的成本消耗，提高科研创新的综合效益。

三、高校科研团队管理方法

高校科研团队管理方法，是指管理主体在高校科研团队管理过程中为有效实现管理目标而采取的各种办法、技巧、手段或技术的总和。高校科研团队的管理方法很多，高等教育管理和行政管理等学科的许多方法都可以用于高校科研团队管理。在诸多方法中，最常见的有目标管理法和绩效评价法两种。

（一）目标管理法

高校科研团队目标管理就是管理主体引导高校科研团队及其成员遵循科研创新管理目标，根据经济社会发展需要和高校实际情况制定具体的高校科研团队目标及近期、远期工作任务，并以目标为指针，各团队明确各自责任，发挥各方面的主动性，按照职责范围层层分解任务、组织实施、检查考核、评价处理，再在新的基础上制定新的目标，开始新一轮循环的团队活动。目标管理的过程是一个围绕目标周而复始、阶梯式螺旋上升的过程。高校科研团队目标管理是一个完整的、连续的循环系统，由目标制定开始，经目标实施、目标考评，再到总结反馈，每个环节紧密联系环环相扣，任何一个环节出现问题都势必影响目标管理的成效。其中，目标制定主要包括论证决策、协商分解和定责授权；目标实施主要包括咨询指导、监控督查和调整纠偏；目标考评主要包括绩效考核和实施奖惩；总结反馈主要包括反馈考评结果、指出改进方向。对高校科研团队进行目标管理要十分注意协调沟通，即在目标管理过程中，上下级之间、部门之间、团队之间、成员之间要加强协调沟通，目标责任、权力、措施等要协调一致，分解目标时力求做到上下左右之间充分协商，上级机关要进行综合平衡，以求分解的目标相互匹配，与单位、团队及其成员能力相当。由于科研创新的特殊性，一旦目标确定，管理主体不要过多干预团队及其成员的科研过程，为团队创造良好的学术自由环境。

（二）绩效评价法

高校科研团队绩效评价，是管理主体在高校科研团队管理过程中，在一定团队科研创新目标基础上，采用科学的方法对高校科研团队的科研创新活动及其投入产出情况进行价值判断，对团队科研创新活动进行管理、监督、调控和预测，为团队管理决策提供依据的一种管理活动。随着高校科研团队功能的不断拓展和科研工作的不断深入，高校科研团队绩效评价有了更广泛的内涵和外延。评价高校科研团队绩效是整个团队运作管理过程中的重要环节，也是一个复杂的管理过程。政府、高校及其团队自身都需要对高校科研团队进行绩效评价。由于高校科研团队的特殊性，对其绩效进行评价时，应充分考虑高校科研团队不同于企业等其他组织的基本特性。

高校科研团队的绩效评价主要有以下三个特性。

第一，评价内容具有全面性。对高校科研团队的绩效评价包括团队整体绩效评价和团队成员绩效评价。对团队整体绩效评价，要结合团队目标及其功能，从科研创新成果的学术价值、经济价值、管理价值和培养创新人才价值等方面进行综合考虑；对团队成员绩效评价，不但要测评成员的科研创新业绩和培养人才业绩，还要评价成员的科研潜力、学术道德和综合素质等，以全面准确评价团队整体绩效和团队成员绩效。

第二，评价过程具有阶段性。由于高校科研团队在运行的不同时期具有不同的科研创新目标，对其进行绩效评价也必须分阶段来进行，不能混为一谈。团队评价一般分为短期评价与长期评价。短期评价一般是在比较短的时期内，对团队完成某项科研任务期间进行的评价，包括初期评价、中期评价与末期评价三个阶段。一般而言，初期评价主要是评价学术价值，绩效评价主要在中期与末期进行。长期评价的期限一般比较长，主要是对团队已经完成的各种科研任务进行跟踪评价，这种评价需要经历比较长的时间观察。

第三，评价方法具有特殊性。高校科研团队的绩效评价需要从团队整体和团队成员两方面进行，所选用的评价方法也不同于企业绩效评价方法，要在同行专家评议的基础上，把定性评价与定量评价结合起来，把他评与自评结合起来，把全面评价与重点评价结合起来，得出较为全面客观的评价结果。

第二节　高校科研团队创造力的提升

一、高校科研团队创造力的体系构建

以创造力为核心的早期研究多聚焦于个人层面，并在创造技法、测评手段、理论模型等方面取得了丰硕的成果。但由于个体创造力的研究主要是针对个体思维过程，是在某一个体大脑内进行的，存在人们难以捉摸的过程，造成研究上的困难。随着国际、国内科研竞争环境的不断变化，团队合作所产生的创造力越来越得到学者们的重视，关于“团队创造力”的研究成为带动整个创造学领域进一步发展的突破口。

20 世纪 80 年代开始至今，国内外学者对“团队创造力”的内涵研究取得了丰硕的成果，但没有达成统一。国内外研究人员从不同角度、不同层面对团队创造力的概念进行界定，这为高校科研团队创造力的研究奠定了理论基础。一般而言，无论以何种角度进行定义，也无论关注的是哪个层面，有以下方面是形成共识的：①团队创造力不是个体创造力的简单相加；②团队创造力的形成需要基于问题情境的互动空间；③团队创造力通过创造性的活动、创造性的思维和创造性的成果体现；④人们更加关注团队过程、团队互动、团队气氛等团队层面的独特属性对团队创造力的作用机理，从而使团队创造力的研究从个体创造特性逐步转为群体合成特征。

综上所述，对高校科研团队创造力进行界定：高校科研团队创造力是指为实现科学技术研究、科研项目开发，在团队负责人的组织协调下，利用团队合理的人才结构、知识结构和组织结构，在团队成员合作知识创造的过程中整合团队成员的个体创造力和个体创造行为，使团队具有创造性思维、从事创造性活动和产生创造性成果的一种复合能力。

（一）高校科研团队创造力的相关理论

1. 自组织理论

哈肯的“自组织”理论的实质是某些无序的系统，在与环境持续不断的交互作用的过程中，不断“学习”和“积累经验”，在无须外界指令的条件下，自行根据所学到的“经验”改变系统的结构和行为方式，从而自主地使系统从无序走向有序。在自组织理论中，要形成自组织系统必须具备以下的特点：①系统必须具有开放性，能够与所处的环境进行物质、能量和信息的交换；②系统必须远离平衡态，处于非平衡状态；③系统内部各要素之间的相互作用是非线性的；④系统内部的涨落依靠参量涨落发生巨变，从而达到新的稳定状态。

高校科研团队创造力是一个具有多因素的动态复杂系统，自组织理论提供了一种解释集群现象的理论工具，它可以帮助人们认识高校科研团队创造力系统的结构特征，并了解高校科研团队创造力形成的内部运行机理。

2. 合作博弈理论

博弈论主要分为合作博弈和非合作博弈，而两者的区分标准在于决策主体间能否达成一个具有约束力的协议。换言之，存在具有约束力的合作协议的博弈就是合作博弈，反之，不存在具有约束力的合作协议的博弈就是非合作博弈。非合作博弈突出个体理性，强调个人决策最优，都以自身利益最大化为目标，其博弈结果既可能是无效率的，也可能是有效率的，而合作博弈突出集体理性，强调公平与效率。

博弈的分配结果决定了博弈方是否放弃个体理性，而选择集体理性。如果博弈方在合作博弈中的收益多于非合作博弈中的收益，博弈方就会放弃个人理性而选择集体理性。因此，合作博弈的两个最重要前提是有约束力的协议和利益的分配。有约束力的协议一方面保证博弈方合作的可能性与顺利进行；另一方面保证了利益的合理分配。合作博弈的结果要求是一个帕累托优化的结果，即博弈双方利益增加，或者至少博弈一方利益增加且保证另一方不受损害。合作博弈通过产生合作剩余以增加博弈双方的利益，而合作剩余在博弈双方之间的分配比例主要取决于博弈双方

谈判力量的对比和组织制度的设计。因此，利益的分配既是合作的结果，同时也是达成合作的条件。高校科研团队创造力的形成离不开成员之间的合作，通过合作整合成员个体创造力，充分发挥知识协同的优势，因此，高校科研团队创造力的形成是建立在成员共同追求利益目标的基础上，通过获取因合作所带来的增加收益或节约成本的有效分摊，使高校科研团队成员在合作过程中协调彼此的策略，达成成员之间共同认可的有约束力的协议，分享合作带来的收益。由于成员之间合作目标的差异性，导致团队成员之间可能存在利益冲突，因此，在高校科研团队成员间，科学合理地进行利益分配，是保证高校科研团队的稳定和提高团队成员积极性的重要内容，直接影响到高校科研团队成员间的合作和团队创造力的形成，有时甚至直接影响到高校科研团队能否长期存在。因此，在高校科研团队中明确利益分配的原则及依据，并建立一套科学、公平、合理的利益分配机制，对团队创造力的形成尤为重要。

3. 演化博弈理论

演化博弈理论把群体行为的调整过程看作一个动态的演化系统，研究对象为随着时间变化而变化的一个群体，目的在于解释并说明群体在演化过程中（既包括选择过程也包括变异过程）为何以及如何达到目前的状态。近年来，演化博弈理论被广泛应用于经济管理领域，该理论主要通过将人类的各种社会活动与自然生物的生存竞争及演化进行类比，对人类行为的策略和方式的均衡以及不断向均衡状态调整、收敛的过程进行了深入的研究。演化博弈理论包括一个基本假设和两个主要概念，分别是“有限理性假设”“演化稳定策略”及“复制动态方程”。

“有限理性”是指博弈方往往无法在之前找到最优策略，而是在博弈过程中通过学习、试错，最终找到最优策略。同时，“有限理性”也意味着部分博弈方无法找到完全性博弈的均衡策略，而且即便达到了博弈均衡也会再次偏离。

演化稳定策略是指当博弈双方随机进行配对博弈时，在位种群成员的支付水平超过入侵者的支付水平。每个博弈参与者都有一定（$1-\varepsilon$）的概率遇到选择策略 x 的参与者，当然，它还有一定的 ε 概率遇到入侵者，从而 ESS 的定义条件为 $[x,(1-\varepsilon)x+\varepsilon x'] > u[x',(1-\varepsilon)x+\varepsilon x']$，其中 ε 是一个极小的正数，$0<\varepsilon<\bar{\varepsilon}$。

复制动态是指使用某一纯策略的人数所占比例的增长与使用该策略所得收益和群体平均收益的差成正比。动态复制的微分方程是

$$\frac{\mathrm{d}x_k}{\mathrm{d}t}=x_h[u(k,s)-\bar{u}(s,s)],\ k=1,2\cdots\cdots n$$

其中，x_k 是一个种群中采用策略 x 的比例；

$u(k,s)$ 表示采用策略 k 时的适应度；

$\bar{u}(s,s)$ 表示平均适应度。

与传统博弈理论不同，演化博弈理论并不要求博弈方是完全理性的，也不要求完全信息的条件。与生物系统相类似，高校科研团队创造力的形成是在外部环境和内部各要素交互作用中随着时间的推移而不断演化的，这个过程是在一个具有不确定性和有限理性的空间中进行的，成员之间的策略相互影响，高校科研团队成员在每一个阶段重复地进行博弈便形成了演化博弈模型。因此，分析目前我国高校科研团队创造力的演化过程更适合用有限理性前提的演化博弈模型。

4. 惯例理论

惯例是组织重复执行类似任务过程中的试错性学习以及对过去行为的选择和保留的结

果，反映了组织过程的某种因果联系和经验性知识。演化经济学以生物学中的进化论思想为基础，是一种将惯例视为组织的“基因”，生物的变异类可比成组织相关的搜寻策略，生存竞争类可比成组织的市场竞争，选择过程的分析类可比成生物生存竞争演化过程的理论。与生物学意义上的基因概念相同，组织的惯例同样具有相对稳定性和惰性等特征，可以进行重要特征的传递。

人类的知识具有累积性，高校科研团队成员在以往合作知识创造的过程中积累了大量的经验、程序和方法，这些往往成为以后处理同类事物的参照物，这些参照物就是高校科研团队成员合作知识创造的“惯例”。当承担重大的科研项目时，高校科研团队成员将会面临复杂的科研问题，由于受信息不完全性和有限理性的制约，高校科研团队成员的合作知识创造会面临很大的不确定性，此时合作知识创造的过程通常是获取知识、评价知识和储存过去选择结果的过程，已知的事实通常是以前重大事件不断演化的结果。因此，高校科研团队成员在合作知识创造过程的一些决策主要是依靠当前使用的技术、信息等知识资源和自身知识结构、依靠团队知识创造的技巧、经验等。这些内在变量形成一系列关于如何开展合作知识创造的规则和方式，合作知识创造行为由这些规则即“合作知识创造惯例”来决定。

需要注意的是，团队创造行为在很大程度上受囿于已形成的惯例和观念，从而约束和限制团队外部知识吸收能力和成员创新行为，产生团队创新刚性，导致团队创造力的下降。惯例具有一定的稳定性和惰性，要想激发团队成员的创造力，就要从破除团队成员对事物认识上的各种功能固执和思想惰性入手，主动更新“惯例”，回避“惯例”惰性。因此，分析我国高校科研团队创造力的演化过程可以从惯例视角进行研究。

5. 知识创造理论

（1）知识发酵理论。知识的创造过程与生物学中的生化发酵机理具有惊人的相似性，为此，结合生物进化理论和仿生学原理，可知知识的四个重要属性，即原生性、遗传变异性、群合性和酶合性，在此基础上，提出“知识发酵”理论并由此构建了“知识发酵”模型。

知识发酵理论揭示了知识创造、知识演进和转化为生产力的内在含义与规律，主要指以实现知识的有效应用为目的而进行的知识演变，也就是某种创意在团队负责人的组织协调下，通过在知识母体中进行知识消化、知识适应、知识转化、知识演进和知识创新等一系列知识发酵活动，融合为组织行动知识的过程。

类比生物发酵系统的发酵过程，“知识发酵”的过程模型如图 4-1 所示。

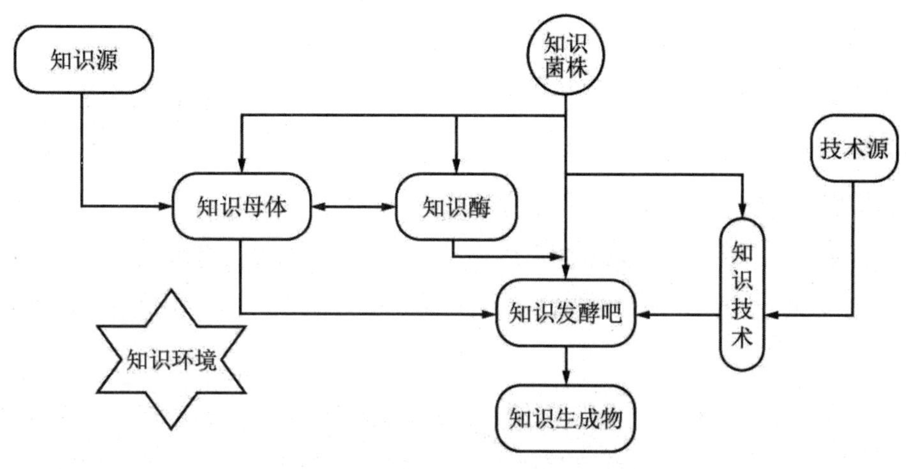

图 4-1　知识发酵模型

知识发酵模型主要由以下要素构成。

第一，知识菌株。引起知识发酵的初始思想，它是知识发酵活动的起点，其对知识发酵的方向、方式、产物等都起到决定性作用。其具体的表现形式是组织中产生的新创意、遇到的新问题以及组织的战略或目标等。

第二，知识母体。拥有知识的个人，它为知识菌株的茁壮成长提供了必要的物质基础，一般而言，其主要包括组织成员的知识背景、知识结构，以及组织内外一切可以获得并加以利用的显性或隐性知识资源，同时它还包括组织成员的认知风格、合作动机、合作愿望、合作要求、学习的态度等。

第三，知识酶。知识创造的催化剂，与生化反应相类似，知识酶是指知识母体与知识菌株之间起催化知识活动过程作用的各种因素。通常包括一些形式化、结构化的有形要素（组织结构、知识技术、规章制度等），以及一些非形式化、非结构化的无形要素（文化、心理、环境等）。

第四，知识技术。知识发酵技术，主要作用在于以计算机的现代知识技术为基础，帮助知识员工生产、分享、应用以及创造知识的整合体系，主要包括电子网络和信息技术工具、专家系统、知识仓库、知识地图等。

第五，知识发酵吧。知识发酵的具体情境、场所，它既可以是物质空间，例如，办公室、会议室、实验室等；也可以是虚拟的超物质空间，例如，电子邮件、电话会议、视频会议等；还可以是精神空间，例如，研讨会、交流会、组织学习等活动，或者是这三者的组合。在知识发酵吧里，拥有不同思维方式和观点的成员基于所具备的知识通过互动产生共感。

第六，知识环境。外界环境，主要是指在某一给定时刻系统所遭受的所有外界条件及其影响的全集，它能制约或促进知识发酵的过程。外界环境既包括组织内部文化在内的知识创造环境，也包括组织外部的一般环境，外界环境对于知识菌株类型、知识母体、知识发酵吧和知识酶等的内容、形式和状态存在较大的影响。

第七，知识生成物。知识发酵的最终成果，它是知识菌株在组织内部的成功扩散，依次进入不同的知识发酵吧，通过不断地与知识母体进行整合，产生新主张、新知识、新方法和新方案等。

（2）知识创造螺旋模型。知识创造模型被认为是研究组织中知识产生、传递和再造途径的一种有效方法，在研究各类知识创造活动中广泛使用此模型。具体形成过程如图 4-2 所示。

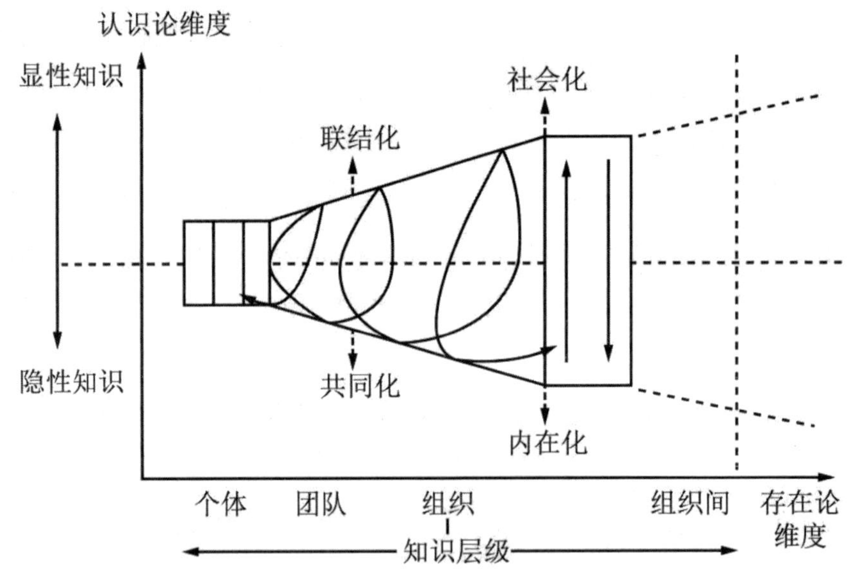

图 4-2　知识创造螺旋模型

在知识创造螺旋模型中，将知识划分为显性知识和隐性知识，并提出了知识转换的四种模式，即共同化、社会化、联结化和内在化。在这四种核心模式的基础上，又融入了认识论和存在论两个维度，其中，认识论维度主要描述显性知识和隐性知识之间的知识转化，存在论维度主要描述个体知识向团队层次的转移。

需要注意的是，创造主体的隐性知识是阻止知识创造的源泉，组织需要通过调动个体知识创造以积累组织的隐性知识。而隐性知识的放大主要通过“组织层次上”的四种模式

的知识转换，并最终固定在存在论维度较高的层级上，由此便形成了“知识螺旋”过程。在该过程中，显性知识和隐性知识通过相互作用在存在论维度上不断上升、不断扩大，所以，组织的知识创造是一个螺旋上升的过程。

（二）高校科研团队创造力的构成要素

1. 构成要素的主要内容

高校科研团队创造力是具有多因素的动态、复杂系统。高校科研团队创造力主要由以下方面的因素构成。

（1）团队知识资源与领域技能。团队所具备的知识资源和创造技能是团队从事创造性活动的前提，也是团队创造力产生的基础条件。在高校科研团队中，知识资源主要包括显性知识资源和隐性知识资源，显性知识资源主要是团队已经拥有的知识产品或知识成果，包括论文、专利、专著、科研项目、科研获奖等，隐性知识资源主要包括团队负责人、团队骨干、团队核心成员和研究生所掌握的大量专业技术知识和与科研工作相关的经验体系。

高校科研团队的知识资源具有以下特征。

第一，可以反复使用。高校科研团队从事知识创造活动离不开团队知识资源的支持，无论团队的知识资源在知识创造过程中以何种形式存在，它都是为团队所拥有并利用的，当团队开展下一次知识创造活动时，团队知识资源为其提供知识创造的源泉和动力，高校科研团队又在新一轮的知识创造活动中反复使用。

第二，不会枯竭。高校科研团队的知识资源是一种活化的资源，在一定条件下可以创造出新的知识，这些新产生的知识又被不断地注入到高校科研团队原有的知识体系中，从而使得高校科研团队的知识存量不断扩大。

第三，具有共享性。高校科研团队定期开展组织学习活动，在不断的学习和交流的过程中，知识资源在团队内部得到共享和扩散，使得团队知识资源被有效地开发和利用，从而转化为高校科研团队的核心竞争力。

团队领域技能主要包括从事某个领域的基本技能和该领域的特殊才能，例如计算机操作技能、实验技能以及具有在想象中完成科研选题的才能等。领域技能不仅依赖于先天的认知能力和感知运动能力，也依赖于后天所接受的正规教育、训练及专业实践。

人们为了在某一领域中进行创造，必须具有一定的关于该领域的知识，需要知道已经取得了哪些研究成果，需要研究哪些内容，如何进行研究，以及如何让别人理解自己的想法等。团队知识资源和领域技能决定了初始资料搜集的可能途径，并以其领域内的鉴定标准为所产生的可能结果提供评价标准。

（2）团队合作知识创造的动机。高校科研团队是由不同的合作主体构成，加入团队的个体具有各自的合作动机，合作动机的差异性直接导致了团队在合作过程中的不同合作行为。因此，团队合作知识创造的动机是构成团队合作知识创造行为的基础，它是促使潜在创造力转化为现实创造行为和成果的动力。合作动机按照诱发因素的来源可以划分为内源性动机和外源性动机。内源性动机是指团队成员个体从事工作并不依赖于薪酬、职位、物质奖励等外部原因，而仅仅是为了追求工作中的愉悦感、满意度、好奇心以及挑战性，即个体对任务本身性质的积极反应的动机。外源性动机即个体独立于工作本身内容以外的某种目的而产生的开展工作动机，例如，满足某种心理需要、他人对自身能力的好评、获得期望的奖赏等，即那些来自任务本身之外的动机。高校科研团队进行科研合作时，成员个体的合作动机有所差异，但是，应该看到无论内源性动机还是外源性动机对高校科研团队创造力都有一定的预测作用。因此，团队合作知识创造的动机是高校科研团队创造力的重要组成部分。

（3）团队思维风格与人格特质。

第一，团队思维风格。思维风格是一种认知风格。关于思维风格的研究是伴随着认知风格的研究而发展起来的。美国心理学会主席、耶鲁大学授斯滕伯格于 1987 年提出了一种全新的心理自我管理理论，他在这个理论中首次提出思维风格的概念，即个体所偏好的运用自身能力的一种方式。心理自我管理理论强调个体具有与社会一样的自我管理系统，并以政府机构为参照物，按照功能、形式、水平、范围和倾向 5 个方面，将个体创造思维风格划分为五大类 13 种类型。

可以把斯滕伯格的思维风格分为三类：第一类称为思维风格类型Ⅰ，它由产生创造性或更高认知复杂水平的思维风格构成，具有此种风格类型的人乐于冒险和挑战；第二类是思维风格类型Ⅱ，它由比较趋于常规倾向和较低认知复杂性水平的思维风格构成，具有此类风格的人倾向于赞同他人或者权威定向；第三类称为思维风格类型Ⅲ，它们既不属与思维风格类型Ⅰ，也不属于思维风格类型Ⅱ，它们可能根据具体任务的风格要求，而具有两组风格的特点。一般来说思维风格类型 I 与积极的人类品格正相关，而思维风格类型Ⅱ与消极的人类品质正相关。

另外，思维风格不同于能力，能力有高低之分而思维风格没有高低和好坏之分，因为能力决定团队在执行任务时完成质量的高低，而风格则决定团队会采取何种方式完成任

务。因此，团队的思维风格是高校科研团队创造力构成的重要组成要素。

第二，团队人格特质。创造性的人格特征最能反映高科技人才和群体的个性特征及创造能力。人格特质是人所具有的稳定的，为创造活动的顺利进行和创造目标的实现产生动力作用和决定作用的各种心理特征的总和，具体包括个人的理想、信念、意志、道德、情绪、情感等非智力素质的总和。团队人格特质是团队中所有成员人格特征的总体情况，代表了整个团队人格的整体分布情况。知识创造是一个形成创造性动机、产生创造性构想和实现创造性构想的一系列艰苦的过程，是各种心理活动交错混合的过程，知识创造成果的产生不仅需要较高的知识水平和较强的逻辑思维能力，还需要远大的理想提供向导，浓厚的科研兴趣提供动力，需要各种情感、情绪、意志和理智等对其进行调节。所以团队人格特质是团队创造力形成的内在动力源泉，是团队知识创造能力结构中的关键因素，是影响知识创造活动能否成功的前提因素。综上所述，团队人格特质是高校科研团队创造力构成要素之一。

（4）创造性思维和活动过程。

第一，创造性思维。创造性思维活动是影响创造主体的创造性以及创造性成果的决定性因素。创造性思维是将头脑中的知识和信息资源进行多种思维方式的加工处理后形成的新观念、新思想、新理论的一种过程。可以将创造性的思维界定为任何以新颖的、独创的方法解决问题的思维过程，正是这种新颖的思维活动可以使高校科研团队产生意想不到的见解和构想，并最终提升创意能力。创造性的思维结果不是突然爆发的，而是一个相对较长时间思维过程的最后结果。

我们可以将创造性思维整个过程划分为准备阶段、酝酿阶段、明朗阶段和验证阶段，可见，创造性思维的过程也是问题解决的过程，这个过程是极其复杂的，在不同的创造活动中因任务、目的的不同，创造性的思维过程也会出现不同的差异性。因此，创造性思维的过程也是高校科研团队创造力的构成要素之一。

第二，创造性活动的过程。创造性活动是在观念意向指导下，为了获得基本价值的需要，并且在方式方法上有所创新的活动。创造性活动应包括社会的一切活动领域，例如，社会体制的改革、管理制度和方法的变迁，领导艺术的进步，文学艺术的创造等。高校科研团队主要是立足于学科前沿，围绕着国家各类重大科研项目和科学难题，以学术问题为纽带，主要工作就是运用知识，创造知识的过程。知识活动是高校科研团队建设过程中的一个不容忽视的重要因素，而且知识创造活动是贯穿团队整个建设和发展之中的，因此，本书将高校科研团队创造性的活动理解为和科学知识发现、创造有关系的一切活动。

（5）知识创造的显性与隐性成果。

第一，知识创造的显性成果。知识创造的显性成果也就是实物化的成果，主要包括论文、研究报告、专著、专利、软件、省级及省级以上科研项目、科研获奖等，它是高校团队创造力的外在表现。

第二，知识创造的隐性成果。知识创造的隐性成果也就是精神化的成果，主要包括新颖的、有用的一些想法、观点、主意、概念、思想等，以及形成学生的创造个性特质和创造思维能力，它是高校科研团队创造力的内在表现。

2. 构成要素之间的关系

通过对高校科研团队创造力构成要素的分析，可以将这些构成要素划分为创造主体、创造过程和创造成果三大部分，这三部分构成要素之间并不是孤立的，而是通过外部环境相互影响、相互作用的。

首先，创造主体和创造过程是高校科研团队创造力不可分割的两个方面，创造主体是高校科研团队创造力的基础，而作用于创造主体的创造过程是高校科研团队创造力的最重要表现；其次，高校科研团队创造力通过外界环境对团队创造成果的评价和感知，来促进团队创造主体和团队创造过程的相互作用，并促使高校科研团队实现与团队外部环境的协调发展；最后，团队创造力是不断动态发展的，以实现与外部动态环境的协调发展。这三个要素相辅相成，缺一不可，共同反映出高校科研团队创造力。

（三）高校科研团队创造力的主要特征

第一，系统性特征。在系统理论中，将一些相互关联、相互作用、相互制约的组成部分构成的某种功能的整体称为系统。从本质上而言，高校科研团队创造力是一个知识创造的系统，它具有系统的共性，这个系统当中包含三个关键要素，且要素之间相互关联、相互制约，从而形成具有某种功能的整体。

第二，适应性特征。适应性特征是高校科研团队创造力最重要的特征。当外部环境发生变化时，高校科研团队创造力系统内部发生结构变迁，其演进的每一个阶段都蕴含着内部运行结构的调整和优化，以促使主体的动作行为、策略和产出不断地适应环境。

第三，开放性特征。高校科研团队创造力既要内部开放，又要对外开放。高校科研团队创造力内部开放，即各子系统相互作用，才能形成相对稳定的系统结构。高校科研团队创造力系统对外开放，即与其他系统相互作用形成更大的系统，这样才不会孤立，可以获得较为稳定的环境条件，同时获得更大系统（环境）的庇护，而且还可以在更大范围内发

挥协同与竞争机制，使物质、能量与信息更加有效地利用起来，并使合力大于分力，从而有利于高校科研团队创造力系统的生存与发展。

第四，路径依赖性特征。团队以往积累的知识会对以后的知识创造、知识匹配产生影响，从而使团队创造力表现为具有路径依赖性的动态增长过程。为了解决在寻找问题答案时的不确定性问题，团队内部往往会建立一定的程序和惯例，而且知识创造惯例和程序的建立要以过去成功的经验和失败的教训为基础，只要目前的程序和惯例还相当有效，就可以继续进行合作知识创造，并不断加强团队内部合作知识创造的惯例和程序。

（四）高校科研团队创造力的具体体现

1. 创造性思维

创造性思维是人类独有的一种宝贵思维形式。创造性思维既是科学创造的前提，也是科学创造的动力，对科学研究工作起着非常重要的作用。创造性的思维方式常常可以将个体的领悟力和创造力瞬间表现出来。创造性思维作为人类的一种重要的思维形式，不仅仅体现在科学研究的重大突破阶段，而是贯穿于整个科研准备阶段、科研突破阶段和科研检验阶段。目前，高校科研团队所承担的国家重大基础或应用基础研究项目大都具有交叉性、综合性和复杂性的特征，仅仅依靠成员个体的创造性思维，从单一学科或单一研究视角出发，很难把握和解决复杂的科学研究问题，这时需要发挥高校科研团队的组织和领导作用，整合成员个体的创造性思维，发挥“1+1>2”的协同优势，形成团队的创造性思维，从多学科、多角度、多种思维方式入手，探索复杂和疑难的科学研究问题，准确把握某个科学研究领域的前沿问题。任何复杂和疑难的科学研究问题的解决，是要经过高校科研团队成员反复研讨、相互学习、相互启发，以及思想、观念、想法的相互碰撞，反复试验、反复检验等过程，这个知识创造的过程所产生的结果既可能是成功的，即新的科研成果的出现，包括论文、专著、专利、新的理论、观点、想法、主意等，也可能是失败的，虽然没有任何科研成果的出现，但是团队成员在这个过程中积累了知识和经验，个体的创造性思维经过发散和集中等过程而得到提高和发展，通过成员之间的互动和交流在一定团队氛围的影响下，形成团队的创造性思维。因此，创造性的思维是高校科研团队创造力的具体体现。

2. 创造性活动

此处的创造性活动主要指知识创造活动。高校科研团队的知识创造活动主要是指高校科研团队成员利用个人和队的创造力，通过科学研究获得新的科学知识的一系列创造性的行为和过程。高校科研团队所从事的工作主要是基础研究和应用基础研究，其知识创造的过程可以划分为知识的获取、知识转化、知识整合、知识创造、知识的共享与扩散六个阶段，所以，科学研究的过程也是一个知识创造的过程。高校科研团队创造力的形成离不开知识创造的任何一个环节，在每个环节中都会创造性地发现问题、解决问题，所以团队所进行的知识创造活动是团队创造力的一种体现。

3. 知识创造

此处的知识创造成果主要包括论文、研究报告、专著、专利、软件、省级及省级以上科研项目等，也包括新颖的、有用的一些想法、观点和理论知识等。一般而言，团队知识创造的成果凝聚了集体智慧的结晶，它对社会和组织的影响程度越大，其所体现的团队创造力就越强。

二、高校科研团队创造力的形成机制

高校科研团队由不同的利益主体组成，每个个体有各自不同的利益追求，他们能不能在科学研究的过程中通力合作，使个体创造力产生协同效应，关键在于是否有良好的机制加以保障。

（一）高校科研团队创造力形成的动力机制

动力是事物主动变化的原因，它使得事物产生目的性变化。动力机制是指推动事物形成和发展的动力要素以及这些要素在事物发展过程中如何起作用。因此，动力机制是一个合力系统，它由多个相互交错、相互关联的动力要素构成一个整体，并具备开放性、自我优化性和自适应的特性，能对系统的要素进行一定的调整。

1. 动力机制的因素分析

（1）高校科研团队创造力形成的内部动力因素。高校科研团队内部的动力是知识创造动机和知识创造行为产生的基础，也是高校科研团队创造力产生的根源。高校科研团队本身知识创造的要求越强，知识创造的动机也就越强，知识创造的行为也就越频繁，团队创造力的形成也就越稳定。

第一，团队成员之间的竞争与协同。高校科研团队创造力的产生和团队成员之间的互动关系紧密相关。在高等学校，这种互动关系主要包括导师和研究生之间的互动关系、学术带头人和骨干教师之间的互动关系、骨干教师之间的互动关系、研究生之间的互动关系等，其中后三种（学术带头人和骨干教师之间的互动关系、骨干教师之间的互动关系、研究生之间的互动关系）互动关系存在一定的合作与竞争关系，为了解决科研项目中的各种难题，需要团队成员进行信息交流、及时沟通科研体会，分享科研想法、思路，必要时需要定期开展学术研讨会、交流会等，共同分享团队成员的知识。因此，一些复杂重大的科研课题攻关需要团队成员进行合作知识创造。另外，团队成员在合作进行知识创造的过程为了争取各自的利益也会不断展开竞争，努力完成各自科研项目的子课题。

第二，利益驱动力。一切社会发展的源动力在于利益，利益问题是影响事物发展的根本问题。在高校科研团队中，成员追求的利益主要包括心理利益和社会利益两部分。心理利益主要来源于科研经费的支配权、科研项目、高水平的学术论文、获奖或获专利等的排名；社会利益主要来源于提升专业领域的成就、名声和荣誉以及相应的学术地位。高校科研团队成员大都具有强烈的成长发展需求，他们对利益的追求不仅仅停留在经济利益上，更多的是对知识、能力的积累和成就感有强烈的，较高目标的追求。利益问题处理不当，高校科研团队内部不同主体间就会产生利益冲突，利益冲突的存在既破坏了团队内部的利益秩序，导致个体创造力受到不合理利益的干扰，也影响了高校科研团队整体创造力的产生和演化。因此，利益是高校科研团队创造力产生的主要驱动力。

第三，团队负责人的创新精神。高校科研团队创造力的形成，离不开团队负责人的创新精神。高校科研团队负责人是团队的核心和领军人物，起到凝聚人心、引领科学研究方向、推动团队内部沟通、协调、管理、创新和知识创造等活动进程的重要作用。其创新精神体现在创造力、实施能力、必胜信念、创造价值、甘冒风险等方面。

创造力是创新精神的核心，高校科研团队负责人的创造力则主要体现在具有洞察先机的创新思维和把握学术方向的能力，对国家发展的需求要有战略眼光和前瞻性，能凝练出重大课题并引领团队成员围绕其开展科学研究工作，进而取得高水平的重大创新型科研成果。实施能力是知识创新得以实现的关键，高校科研团队的负责人不仅要具备深厚的业务基础，高超的学术水平，而且还要具备管理方面的领导才能，要有极强的亲和能力和组织能力，良好的人际交往能力和沟通能力，同时能够鼓励团队成员之间充分沟通，乐于分享，让团队成员之间产生相互依赖、相互扶持的感觉，发展团结协作、共同进取的工作关系。

必胜信念是团队负责人的一种奋发向上的境界，他能激发团队成员从事科学研究的热情和积极主动的态度，此外，团队负责人的最大作用就是培育和传播一种文化或精神，让整个科研团队拥有一个共同的理念、目标和行为准则，同时为团队成员营造良好的知识创造氛围，促使团队创造力持续、良性的发生演化。创造价值是创新精神的重要体现，高校科研团队负责人学术方向选择是否正确、是否可行，直接关系到这个团队的努力是否得到回报，而正确的学术研究方向，一定是要在结合团队自身比较优势的基础上，了解市场技术需求与学术前沿发展趋势，提出基础性、前瞻性、战略性的科学研究课题，研究与开发出市场前景或应用领域更加广阔的关键技术。甘冒风险是创新精神者必有的气质，它要求团队负责人具有非凡的勇气和胆略，能够以“冒险家的激情”带领自己的学术团队深入到未知领域，以坚忍不拔和甘冒风险的精神开拓前进。

第四，团队内部氛围。氛围的形成是人与情境相互作用的过程，取决于人和环境两方面的因素。团队内部氛围不但从整体上反映了支持创造力的环境因素，而且也反映了团队成员知觉的影响因素。团队内部氛围包括心理氛围和团队氛围两个层面，心理氛围是关于团队成员感受到的团队的政策、实践和程序所形成的心理产品，是个体层面的变量；而团队氛围是团队成员对团队目标、团队运作、团队结构等具体情景形成的一种共同的认知或心理体验，是同一团队内部不同成员对工作环境形成的一致感知，它能够通过高校科研团队成员的知觉影响到其行为动机和工作表现，是团队层面的变量。部分学者在研究中也发现任务的复杂程度、工作场所的环境、奖励与评估的方法、同事及上下级的关系等都在不同程度的影响团队成员的创造力，从而影响团队成员合作所产生的团队创造力。良好的团队氛围可以使团队成员非常有效地发挥其创造知识和运用知识的技能。因此，高校科研团队内部氛围在团队创造力的形成过程中扮演着非常重要的角色。

第五，内部的激励机制。激励是组织行为学中调动、启发工作人员积极性的一种方法，是激发人的动机、加强人的意志、使人产生一种内在的精神动力、朝其所期望的目标前进的一种心理活动过程。对于高校科研团队而言，激励的目的是为了调动科研团队成员工作的积极主动性，推动团队各项科研工作的顺利展开，使科研团队成员忘我工作、努力钻研，充分发挥自己的聪明才智，获取丰硕的科研成果。因此，激励也是一种团队满足科研人员需要、引导和强化其行为的过程，它是高校科研团队管理中的重要内容。激励机制强调以人为本，在一定条件下，科研团队负责人采用规范化、科学化、相对规定化的有机组合手段去激发团队成员的工作积极性，以提高其绩效，实现团队主体的科研奋斗目标。

一般而言，激励机制的有效实施，可以大力提升个体创造力、提高个体满意度、强化和修正个体行为、调动个体的工作积极性和开发个体的潜在能力。因此，激励机制是高校科研团队进行知识创造的内部动力，是提高高校科研团队科研能力与绩效的保证。

（2）高校科研团队创造力形成的外部动力因素。高校科研团队创造力形成的外部驱动力是指团队所在的环境供给因素对团队创造力系统的推动作用，主要包括科研需求的推动力、科学技术的推动力、外部环境的竞争力以及组织支持行为。

第一，科研需求的拉动力。知识经济时代，新技术、新理论不断涌现，科学研究课题也向高难度、跨学科、多元化的方向发展，其中，有相当多的科研课题是根据国内外形势发展的需要，由国家相关部分牵头组织的，例如，国家“863”项目①、国家“973”项目②、国家自然科学基金项目等有世界影响水平的课题，也有由各工业部门、农业部门等委托的科研、开发任务，还有来自国内外企业乃至乡镇企业的一些课题，这些课题大都科技含量高、具有很好的开发和应用前景，这些难度较大的科研课题大都要求高水平的科研团队来完成，在完成重大科研项目的过程中，科研项目的复杂程度、时间上的紧迫程度、经费上的节约程度、人员配合的协同程度，将直接影响高校科研团队创造力的形成。反之，当高校科研团队创造力不断提高，高校科研团队为了自身的发展，获取较高的学术声誉，又会刺激其去承担更高水平、更复杂的科研项目，从而产生新一轮的知识创造，经过如此循环往复，高校科研团队创造力将朝着较高水平的方向不断演化。

第二，高校科技创新体系建设的推动力。知识经济时代，高校以其特有的地位和作用，在国家科技创新体系中扮演着重要的角色。高校科技创新体系由内外部两大系统和科研团队、学科结构、科研平台、产业化平台、制度创新、后勤保障、政府、企业、科研院所、中介机构十大要素组成，这些系统和要素之间的相互作用为国家经济建设和社会进步作出服务和贡献，同时，也看到高校科技创新体系是加强学科建设、增强学术实力的根本措施，是培养、锻炼学术队伍的必由之路，是增强学校经济实力的主要途径，因此高校科技创新体系为高校科研团队创造力的形成提供了条件和土壤，起到了一定的推动作用。

第三，外界环境的竞争力。高校科研团队创造力的形成离不开外界环境的需求，外界环境也为高校科研团队创造力的演化提供各种资源，这些资源包括生源、师资和资金等。然而，对于高校科研团队而言，资源的获取并不是无节制，资源的有限性和资源提供方的选择性，要求高校科研团队必须通过竞争来获取资源，这些竞争主要体现在以下方面：①对获得政府各种资源支持的竞争；②对优质生源的争夺；③对优质师资的争夺；④对企业、国内外其他高校、银行等资源方提供资源的竞争等，除了在资源领域的竞争外，我国

---

①863 项目即国家高技术研究发展计划，是中华人民共和国的一项高技术发展计划。这个计划是以政府为主导，以一些有限的领域为研究目标的一个基础研究的国家性计划。

②国家重点基础研究发展计划（973 计划）旨在解决国家战略需求中的重大科学问题，以及对人类认识世界将会起到重要作用的科学前沿问题，坚持“面向战略需求，聚焦科学目标，造就将帅人才，攀登科学高峰，实现重点突破，服务长远发展”的指导思想，坚持“指南引导，单位申报，专家评审，政府决策”的立项方式，以原始性创新作为遴选项目的重要标准，坚持“择需、择重、择优”和“公平、公正、公开”的原则，坚持项目、人才、基地的密切结合，面向前沿高科技战略领域超前部署基础研究。

高校科研团队还在教学水平、科研水平、社会服务水平等方面存在竞争。

此外，高校科研团队也在争夺重点学科、重点实验室、重点研究基地、博士硕士授权点等。因此，高校外部激烈的竞争环境也不断促使高校科研团队创造力的提高，反之，只有高校科研团队创造力不断得到提高才能适应外界环境剧烈的变化。

第四，组织支持行为。高校科研团队成员合作进行知识创造时离不开组织支持。组织支持行为主要通过以下四个方面来发挥作用：①促使高校科研团队成员产生义务感，来帮助组织实现目标。例如，学校或组织支持团队成员参加各种高水平的学术会议，使团队成员感受到较高的组织支持感，他会在参加学术会议的过程中，主动和国际、国内同行交流，学习先进的理论和方法，不断获取前沿的研究问题。②促使高校科研团队成员产生对组织的情感承诺。高校科研团队成员如果感受到组织或学校对其工作、生活等方面的关心，他们对组织或学校的感情就越深，在工作中就会更加努力。③增强高校科研团队成员对自身能力的信心。自信心是一个人对自身价值和能力的充分认识和评价，不断地为团队成员提供组织支持，增强他们的自信心，使他们勇于承担知识创造的风险，在成功的喜悦中不断增强自信心，形成创造的内驱力。④促进高校科研团队形成良好的团队文化。成功的团队建设能够创造出优秀的团队文化，而优秀的团队文化能够增强团队成员的凝聚力和向心力，约束和激励团队成员的行为，代替团队刻板的规章制度，不断提高高校科研团队的创造力。因此，组织支持行为力度的大小在一定程度上决定高校科研团队创造力的高低。

2. 动力机制的类型划分

高校科研团队创造力形成的动力机制实质上是协同团队内部诸要素之间的互动关系的总和，是一种比较活跃的带有动力源性质的机制。结合上一小节的分析，下面将从内部和外部两个角度设计高校科研团队创造力形成的动力机制。

（1）高校科研团队创造力形成的内部动力机制。高校科研团队创造力在利益驱动力、激励机制、团队负责人的创新精神、团队氛围以及团队成员之间的相互作用等内部各种动力要素的共同作用下形成，其形成的内部动力机制如图 4-3 所示。

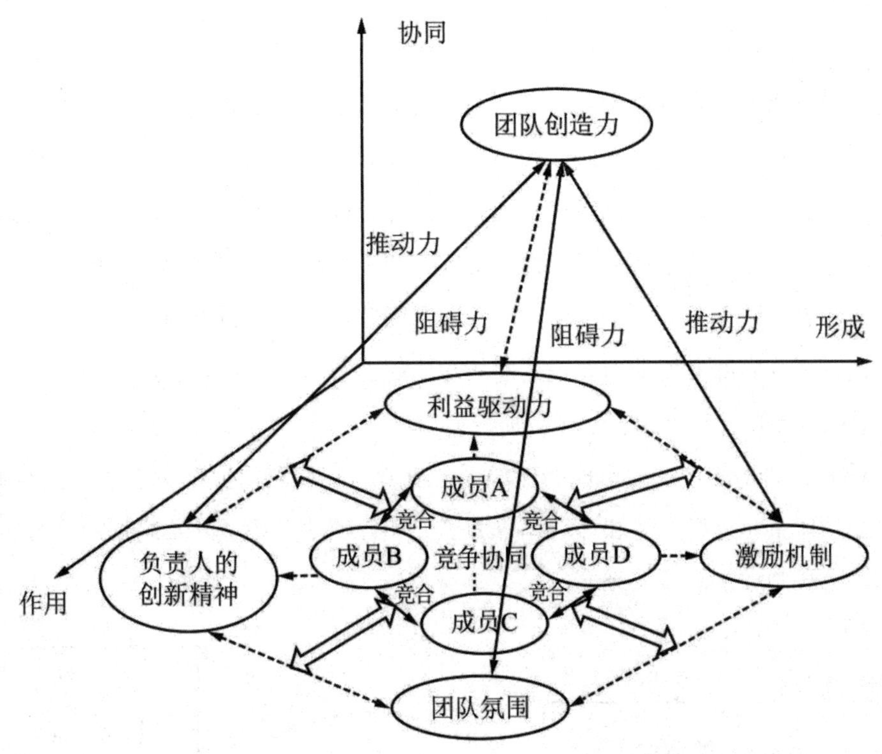

图 4-3 高校科研团队创造力形成的内部动力机制模型

内部动力机制其基本含义如下。

第一，成员之间的竞争与协同作用是内部动力机制形成的核心作用力。高校科研团队内部各要素之间以及各要素与环境之间既存在整体同一性又存在个体差异性。团队内部的同一性表现为协同因素，个体之间的差异性表现为竞争因素。在团队层面上，团队负责人和团队成员之间存在着竞争与协同关系，例如，团队负责人和团队普通成员之间既存在着科研经费的分配比例、署名权、著作权等利益之争，又存在着共同的利益，如高校科研团队的成长壮大给团队负责人和团队普通成员带来的好处，即利益协同。在个体层面上，就团队教师而言，各个教师为了评职称、为了获取各种荣誉、地位与好的待遇，彼此之间存在着种种竞争，但有时为了科研攻关、科研获奖、提高教学水平等，各个教师又需要相互学习、相互借鉴、取长补短，通过和其他教师之间的合作来实现共同的利益协同。就学生而言，学生们为了获得老师的青睐与重视，为了获得奖学金和各种荣誉，学生之间也存在着各种各样的竞争，同理，有时为了解决学习中遇到的难题，为了提高解决问题的能力和水平，同学之间又需要互相帮助、互相学习，通过共同进步实现同学之间的利益协同。因此，团队成员之间的竞争与协同作用是团队创造力形成和演化的真正动力源泉。

第二，成员之间的竞争与协同作用与其他动力因素之间彼此相互作用，并共同推动团队创造力的形成。高校科研团队成员之间的竞争与协同作用并不是孤立运动的，而是在利益驱动力、激励机制、团队负责人的创新精神与团队氛围的共同作用下，发生竞争与协同关系，同时，成员之间的竞争与协同关系反过来又影响上述动力因素，如此循环反复，随着时间的推移，个体创造力最终整合为团队创造力。但是也应该看到内部各种动力要素的相互作用既产生推动团队创造力形成的动力，又产生阻碍团队创造力形成的障碍力，究竟哪种力量主导着团队创造力的形成，取决于团队内部各种动力因素的相互作用方式和作用强度。因此，团队内部各种动力要素彼此相互作用，共同推动团队创造力的形成，并且其形成路径具有一定的不确定性。

（2）高校科研团队创造力形成的外部动力机制。高校科研团队创造力是在科研需求、高校科技创新体系、组织支持和环境竞争力等外部各种动力要素的共同作用下形成，其形成的外部动力机制如下图 4-4 所示。

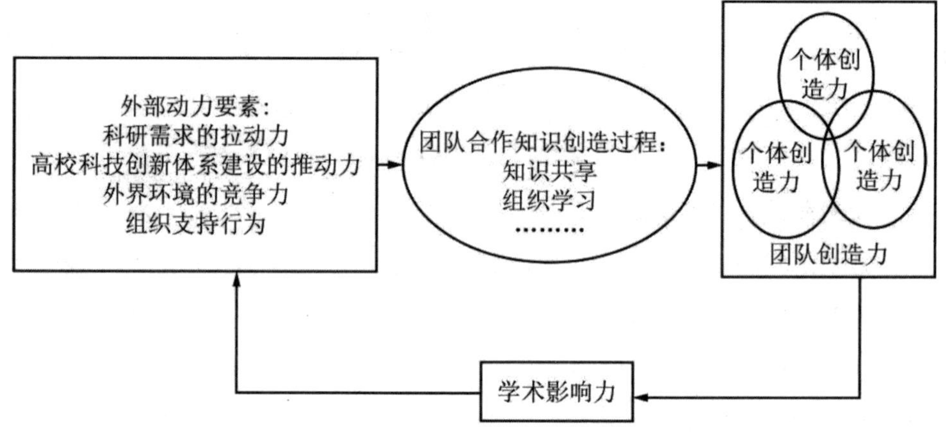

图 4-4　高校科研团队创造力形成的外部动力机制模型

外部动力机制基本含义如下。

第一，高校科研团队创造力形成的外部动力来源于组织和社会。各种因素的协同作用。高校科研团队会因为所处外界环境的不同而产生不同的团队创造力表现。来自团队外部组织的支持，是推动团队创造力形成的外部直接动力，在团队合作知识创造过程中，团队成员会通过组织对他们采取的支持性和非支持性措施来判断组织是否重视他们的贡献、是否关注他们的幸福，这种判断会影响成员个体的知识创造行为以及个体的合作知识创造行为。团队成员在良好的组织支持下，会自主产生知识创造的欲望与意识，从而推动知识创造行为的产生。来自社会方面的动力因素是推动团队创造力形成的外部间接动力。无论

是创造学领域的学者还是心理学领域的学者都通过研究证实，创造力的形成与外界环境之间有着密不可分的联系。这些外界环境因素通过各种形式和媒介进行传播，形成某种特定的环境氛围环绕在个体周围和团队周围，潜移默化地影响个体和团队的价值取向、思维方式和科研态度，从而间接地影响个体和团队的知识创造行为。高校科研团队创造力正是在直接和间接动力因素的协同作用下不断形成和发展的。

第二，高校科研团队创造力形成的外部路径是：外部动力要素—团队合作知识创造过程—团队创造力—学术影响力—外部动力要素。来自组织和社会的动力因素可以看成团队外部的环境变量，这些环境变量可以促进和改变团队合作知识创造的一些过程，例如，组织营造良好的知识创造氛围，出台各种合理的激励措施，提供各种人力、物力和财力方面的支持可以使团队成员感受到来自组织的关怀和重视，团队成员就会积极地获取知识，主动参与到知识共享和组织学习活动中来，加快了团队合作知识创造的绩效。在团队从事合作知识创造的过程中，个体创造力得到有效整合而形成团队创造力，团队创造力的外在表现就是各种高水平的论文、课题、专利、获奖等各种科研成果，这些科研成果得到国家、社会、企业、学校等的应用和好评，提高了团队的学术影响力，团队的学术影响力越大，社会及组织对其关注度越大，因为参与外部竞争的能力不断增强，社会及组织对团队的科研需求就会越大、所给予的支持行为就会越多，对团队合作知识创造的影响也会越大，如此反复，不断循环。

（二）高校科研团队创造力形成的整合机制

高校科研团队创造力的形成是一个复杂的过程，需要由不同层次、不同水平、不同思维风格和不同人格特质的创造主体共同参与，而且每个个体思考问题的角度，解决问题的方式、方法和程序都会存在差异，需要对来自不同个体的创造力进行整合。因此，整合机制在保证高校科研团队实现科研目标，加强各个参与方之间的交流与合作、协调利益各方之间的关系中起到了重要的作用。高校科研团队创造力形成的整合机制主要包括以下机制。

1. 涌现机制

涌现是复杂适应系统的基本特征，在复杂性科学中，涌现是用来描述复杂系统层级结构间整体宏观动态现象的概念，是一种从简单子系统的相互作用中产生出高度复杂的聚集行为的现象，即复杂系统中的较低层次的子系统通过相互作用构成较高层次的系统时，一些新的属性或者规律就会突然在较高层次的系统层面诞生，一旦将其还原到较低层次，则这些特征就不存在，涌现并不破坏单个个体的规则，但是用单个个体的规则却无法将其解释。由于高校科研团队创造力的形成过程体现出非线性、自组织、远离平衡和吸引子等特征，因此，高校科研团队创造力的形成过程体现出较强的创造力涌现过程。

高校科研团队创造力是高校科研团队在整体层面涌现出来的一种功能状态，团队成员的个体创造力是形成团队创造力的基础，成员个体的创造力不是由先天因素固定下来，静止不变的，而是在内外部环境的影响下不断地变化和发展。高校科研团队成员之间以及成员与内外部环境之间频繁而有意义的相互作用过程，也是团队成员在相互作用的过程中不断学习和积累经验的过程，通过不断学习，改变团队自身的结构和行为方式，底层个体通过相互间的学习和模仿可以在团队层次上凸现新的知识结构、思维风格和行为方式，有更复杂的团队知识创造行为出现，即通过将个体层面不同的个体创造力水平进行有机耦合，使得成员个体层面的创造力在团队层面上形成一种涌现的结果。高校科研团队创造力的涌现过程如图 4-5 所示。

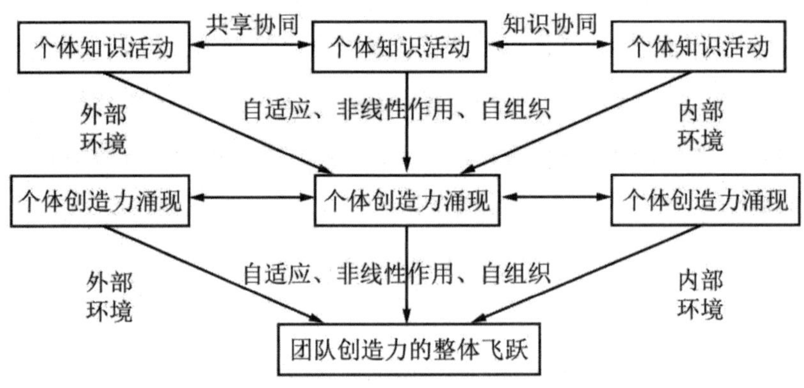

图 4-5　高校科研团队创造力形成的涌现机制

高校科研团队创造力的涌现性主要表现为创造性思维的涌现性、创造性活动的涌现性和创造性成果的涌现性。

高校科研团队创造性思维的涌现性是指团队为了实现科学技术研究、科研项目开发，使团队成员之间能动或被动地发生非线性相互作用，从而不断地进行信息共享，实现信息增值，最终产生“团队创造性思维的过程”。不同类型的解决方式，创造性思维的涌现形式不同。采用民主型的解决方式，每位成员的地位是平等的，任何一个成员都具有决策权，且成员之间可以相互交流，在提出解决方案时，每位成员可以自由发表意见，最终形成一个能被团队成员接受的解决方案，在这种解决方式中，团队成员思维间的碰撞和融合都是在团队成员间进行的，团队创造性思维的涌现体现在团队成员间。采用集中型的解决

方式，成员之间没有任何沟通交流，团队成员向团队负责人提供解决方案，最终由团队负责人决定，在这种解决方式中，团队思维的涌现发生在团队负责人思维的内部。采用民主集中型的解决方式，团队成员需要事先进行充分的研究和讨论，然后由团队负责人根据讨论的结果决定，在这种解决方式中，团队成员思维之间的相互作用、融合在团队成员间进行，其涌现则是在团队负责人的思维中进行。

高校科研团队创造性活动的涌现性是指为适应环境的变化实现团队目标，个体与个体创造性活动彼此相互影响、相互作用和相互融合，涌现为团队层面的创造性活动。例如，成员个体在参与合作知识创造的过程中，需要不断地从团队内部和外部吸收知识，开展个体学习活动，并通过彼此之间的知识交流、知识反馈来不断产生新知识以实现个体知识的不断涌现，个体知识的增加导致团队知识的不断增加，为了满足科学研究的需求，需要对成员个体的知识进行整合，团队需要定期地开展学习交流活动，并营造良好的氛围促进成员知识的合理流动，这时个体层面的创造性活动就涌现为团队层面的创造性活动。

高校科研团队创造性成果的涌现性是指在适应环境的变化中，通过成员个体知识成果的不断积累以及个体知识成果之间的相互影响、相互作用，最终涌现为团队层面的创造性成果。例如，高校科研团队成员在日常的科学研究中，形成了大量的知识成果，既包括物质化的知识成果，即论文、专著、专利、科研获奖、科研项目等，也包括精神化的知识成果，即想法、观点、理论知识等，这些知识成果的不断累积将为国家级科研项目的申请提供了良好的前期知识基础，团队成员个体知识成果的恰当整合，将为国家级科研项目的申请提供良好的材料支撑。因此，高校科研团队成员的创造性成果将最终涌现为团队层面的知识成果，包括科研项目的申请、科研获奖的申请等。

2. 适应融合机制

高校科研团队创造力的形成完全依赖于个体创造力，但又不是个体创造力的简单相加，而是在一定的环境和问题情境下，通过个体创造力之间的相互作用，整合而表现出来的整体特性，因此，高校科研团队创造力更具复杂性和情境依赖性。当个体创造力通过整合转化为团队创造力时，个体也会从团队中吸收新的知识、新的创造技能、新的思维方式、不断形成新的人格特质和认知风格。经过不断的转化融合到个体创造力中，个体创造力得到提高和完善。例如，研究生在合作知识创造的过程中，不断从导师、同学那里学习新的知识、新的创造技能、导师在科学研究过程中所体现的个人魅力、优秀品质又对学生起到榜样的作用，影响着学生思维风格、人格特质的形成，使其具有实事求是的科研态度，坚忍不拔的科研意志、勇于探索的科研精神等，并产生新的创造性活动和知识创造的成果。

适应融合机制主要体现在成员与成员之间、成员与团队之间知识和技能的融合、思维风格的融合、创造动机的融合、人格特质的融合、上述各种因素彼此之间的融合、上述各种因素与知识创造过程、知识创造成果的融合等方面，它反映了不同创造主体（成员、团队）在创造力整合过程中，新的创造力构成要素进入原有创造力构成要素体系并进行融合、转化的过程，见图 4-6。

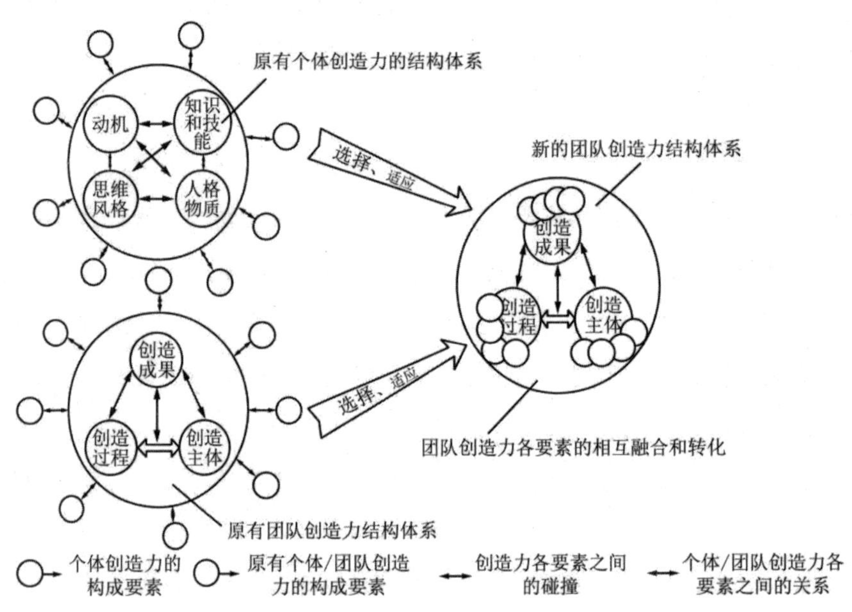

图 4-6　高校科研团队创造力形成的适应融合机制

当某个成员个体创造力与另一个成员个体创造力或团队创造力进行融合时，都会经历碰撞与选择的过程，经过不断的碰撞与选择，适合双方的知识、技能、思维风格、人格特质、动机等就会保留下来，而不适合的就会被淘汰。然后，这些适合双方的知识、技能、思维风格、人格特质、动机等因素还会经历进一步的筛选、吸收、融合和转化的过程，在这一过程中，双方的创造力始终处于动态的变化中，通过这种变化更好地适应外界环境的变化。适应阶段过后，这些适合双方的创造力构成因素进一步融入个体和团队原有创造力体系中，配合成员个体和团队不断寻找新的融合点，与个体创造力和团队创造力不断进行融合，并进行转化，最终成为个体创造力和团队创造力的一部分，形成新的个体创造力和团队创造力。

3. 协同互补机制

协同互补机制是指高校科研团队创造力内部各组成要素之间相互作用、相互调节和相

互补充，从而使高校科研团队创造力形成个体创造力所不具有的结构、特征和功能，团队创造力体现出各组成要素之间的协同互补效应。

高校科研团队是由不同知识创造主体组成的，每个知识创造主体的合作动机、思维风格、人格特质、知识体系和创造技能等要素都存在显著的差异。由于各种差异性的存在导致知识创造主体解决问题时会有不同的思维过程和不同的创造性活动出现，通过协同互补机制，可以弥补知识创造主体知识体系的不完备性，增加知识创造主体的创造技能、缩小知识创造主体合作动机的差异性，使知识创造主体更好地吸收和借鉴不同思维风格和人格特质所带来的良好效应，从而发挥出更大的知识协同效应和组合优势。

高校科研团队创造力形成的协同互补机制发生在团队学习活动中，通过学习高校科研团队可以不断更新团队记忆，掌握更多的知识和能力，不断激发创造知识的灵感，增强知识创造能力。团队学习活动发生在研究生与研究生之间、研究生与导师之间、导师与导师之间、研究生与团队之间，以及导师与团队之间。导师和研究生在知识储备、创造技能的应用程度和熟练程度、合作动机、科研经历、对学科前沿知识的把握和理解上以及思维风格和人格特质上必然存在一定的差异性，通过两者创造力构成要素之间的协同互补，以及两者与团队创造力构成要素之间的协同互补，可以更好地进行协同知识创造，提高知识创造的绩效。高校科研团队创造力形成的协同互补机制具体如图 4-7 所示。

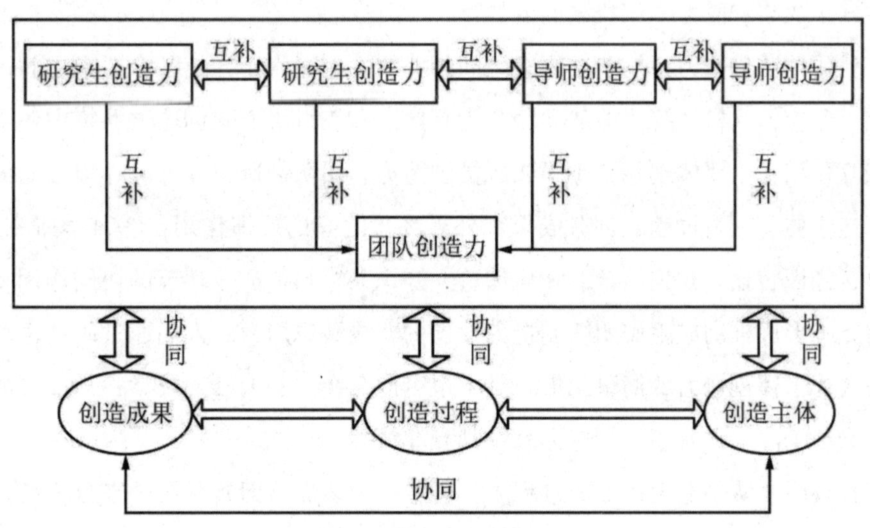

图 4-7　高校科研团队创造力形成的协同互补机制

（三）高校科研团队创造力形成的自组织机制

1. 自组织的特征

高校科研团队创造力的形成离不开其生存发展的环境，高校科研团队成员的行为对环境有影响，环境对高校科研团队的成员行为也有反作用，高校科研团队创造力系统需要从高校提供的科技创新平台、重点科研基地、重点实验室等获取物质、能量和信息。首先，高校科研团队成员从事科学研究时，需要外部环境提供资金、设备和人员；其次，科研任务的选择在一定程度上也来自外部环境的需求和干预；最后，科研成果的优劣也需要外界环境的评价。因此，高校科研团队创造力系统不断发展的一个重要特征就是系统具有开放性，以适应高校科研团队外部环境的变化。

高校科研团队创造力系统随着时间的变化而不断发生变化，而时间是不可逆的，而且系统内部呈现出不同程度的非均匀和多样化的特点，团队内部的资源分布、子系统的发展情况等方面都是非平衡的，处于非平衡状态。在高校科研团队创造力系统中，这种非平衡性表现为创造主体的异质性，即团队成员的异质性，表现为团队成员在性别、年龄、职称、知识背景、技能、经验、工作风格等方面的差异性；创造过程的异质性，表现为团队成员在创造性思维过程和创造性活动过程方面的差异性；创造成果的异质性，表现为团队内部显性知识成果和隐性知识成果的差异性。

高校科研团队创造力系统各个要素之间的非线性相互作用，使各个要素之间产生协同作用和相干效应，这样系统才能从无序变为有序。高校科研团队创造力系统中各要素间的非线性相互作用，主要体现在：①团队成员创造力、团队创造力和外界环境之间的相互作用；②创造主体、创造过程、创造成果和外界环境之间的反馈作用；③科学研究过程中，知识获取、知识转化、知识整合、知识创造、知识共享与扩散等环节的协同作用。正是这些作用的影响形成推动或阻碍团队创造力发展的非线性作用力。人们通过研究也意识到团队创造力并非个体创造力的简单相加，其中很可能存在“1+1>2”或“1+1<2”的作用效应，这也验证了高校科研团队创造力系统具有非线性。

在高校科研团队创造力的形成过程中，会遇到很多涨落因素。有的来自内部，称之为内涨落；有的来自外部，称之为外涨落。影响高校科研团队创造力的内涨落包括个体和团队两个层面，个体层面主要是个体人格特征的变化、个体思维风格的变化、个体动机的变化、个体知识的增长等；团队层面主要是团队组织结构的变化、团队知识共享行为的变化、团队内部规范的变化、团队凝聚力的变化、科研项目任务特性的变化、团队的冲突和

互动行为、领导行为的变化、团队激励机制的变化等。影响高校科研团队创造力的外涨落主要有：组织知识创新的氛围的变化、组织目标的变化、组织文化的变化、组织结构的变化等。

2. 自组织机制的内容

高校科研团队创造力的自组织就是指团队创造力系统无须外界指令而自行通过团队创造力系统中的创造成果促进创造主体和创造过程的相互作用，使其适应动态环境的变化，从而促进高校科研团队实现与动态环境的协调发展，即高校科研团队创造力系统自组织演化是根据该系统自身运动变化的规律和特定条件而自发形成的。

高校科研团队创造力是一个开放的复杂系统，在与外界不断地交换物质、能量、信息的同时，获得自组织演化的动力，其自组织演化过程可以分为两种情况：自稳定过程和自重组过程。高校科研团队创造力的自稳定过程是指，涨落低于"临界状态"的条件下，通过渐进性和连续性的自组织，高校科研团队创造力的涨落向原有高校科研团队创造力均衡状态回归，增强了原有高校科研团队创造力的水平。高校科研团队创造力的自重组过程是指，涨落高于"临界状态"的条件下，通过非线性产生放大作用，原有高校科研团队创造力系统失稳并出现分叉，一种崭新的高校科研团队创造力出现并取代原有高校科研团队创造力系统，这个过程具有突变性和非连续性特征。

高校科研团队创造力系统任何一次演进，都是对原有高校科研团队创造力系统稳定性约束力的突破。突破原有高校科研团队创造力系统稳定性的因素主要有以下四个方面。

（1）创造主体素质的不断提高和科研实力的不断增强，即创造主体知识结构的合理匹配、思维风格的不断调整、人格特质的不断提高，合作动机的不断变化。现代心理学认为，合理的知识结构有利于同化原有知识概念而形成新观点、新概念。知识结构越合理，各部分知识协调的越好，创造力的系数就越大；思维风格是运用能力的一种偏好，它本身不是能力，只有将思维风格和能力相匹配产生协同作用，才能产生远大于两者的创造力量。创造性人格是创造性主体能力结构中的关键要素，是影响创造活动能否成功的先导性因素，团队创造性人格的不断提高，有利于整个团队突破以往知识创造的模式、惯例，不盲从、不顺从已有的经验和规则，勇于探索新的知识、新的发现，并有坚韧不拔取得最后成功的耐心和勇气。动机是指由特定需要引起的，欲满足各种需要的特殊心理状态和意愿，动机具有激活、指向、维持和调整的功能，合作动机是高校科研团队具有能动性的一个主要方面，它具有发动合作知识创造行为的作用，能够推动高校科研团队产生某种互动，使高校科研团队从静止状态转向活动状态，因此，高校科研团队合作知识创造动机发生变化必然影响团队创造力的形成和演化。

（2）创造过程的不断变化和更新。一般而言，团队知识创造过程和团队创造力紧密相关，从团队互动的角度分析，团队进行知识创造的过程中，任务冲突对团队创造力有曲线影响。当任务冲突处于一般水平时，团队创造力最高。从知识创造的环境角度分析，团队知识创新氛围、知识共享氛围、组织支持、组织控制、变革性的领导对团队创造力有影响。从知识创造的转化过程角度分析，知识的社会化、外部化、内部化和组合化程度会影响知识创造的效率。创造性的思维来自创造性的实践活动。创造性的思维活动是高校科研团队创造性得以发挥和创造成果得以形成的决定因素，创造性思维能力的强弱在很大程度上决定团队创造能力的高低。创造性思维能力是多种思维能力的有机组合，包括发散思维和聚合思维、横向思维和纵向思维、逆向思维和正向思维、潜意识思维和显意识思维，各种思维能力互为补充，共同推动创造性思维的进程。

（3）团队创造主体、团队创造过程和团队创造成果三者之间的相互影响和相互作用，以及和外界环境之间互动关系的频繁发生。随着高校科研团队的不断发展和壮大，团队创造主体、团队创造过程和团队创造成果之间的匹配程度，以及三者和外界环境之间的匹配能力会越来越强，匹配的过程会随着高校科研团队创造力系统的不断演化而长期存在。

（4）外界环境的不断变化和剧烈变化。在高校科研团队内部互动过程中及与外界环境的互动过程中，当外部环境发生变化时，高校科研团队需要突破团队知识创造活动中的思维惯性和行为惯性，对外部环境产生新的认知，通过团队学习和团队知识分享，有意识地获取有关资源配置、知识创新、环境创造的新知识，并根据这些新知识对团队资源进行重新构建、整合以形成新的团队创造力，最后以新的团队创造力进行知识创造活动，并在与环境活动的过程中检验新的团队创造力与环境变化的匹配程度，以此作为进行资源配置和能力调整的依据。

综上所述，四个因素引起的微涨落如果能使高校科研团队创造力达到临界水平，就能得到放大而形成新的团队创造力，从而使原有团队创造力的结构和功能发生变化；若低于临界水平，这些因素所带来的影响将被衰减，而由它们引起的对原有团队创造力系统的扰动和微涨落就将消失，原有团队创造力的结构失稳将得到恢复。

三、高校科研团队创造力的提升方式

（一）基于高校科研团队创造力形成机制的提升

1. 基于动力机制的提升

（1）建立团队的共同愿景。由于高校科研团队的成员从事科研工作的动机不尽相同，且每位成员具有不同的知识结构和学科背景，导致他们具有不同价值观和行为规范，因此建立团队共同愿景，才能引导团队成员形成积极向上的价值取向，才能使团队成员的个人发展同团队整体的发展相一致。对高校科研团队成员而言，来自精神上的激励比来自物质上的激励更重要，他们更在乎个人价值的实现和事业成绩的取得，更关注个人的成长空间与团队提供的科研条件、科研方向、科研梯队学术结构的契合度。只有团队发展的价值体系被高校科研团队成员所接受、团队整体的发展前景和个人未来的发展规划相一致时，团队成员才会将团队发展的总体目标和个人目标联结起来，才会产生源源不断的创造动力。因此，建立团队共同愿景可以更好地发挥个体创造力，并使成员个体的创造力产生协同效应，更好地发挥团队创造力的优势。

（2）建立内外部相结合的激励系统。高校科研团队成员从事知识创造活动的动机，可以通过一定的激励手段来刺激和增强，因此，设计科学合理的激励系统是开发和管理高校科研团队创造力的有效措施。激励是对个体需要的一种满足，它可以分为内部激励和外部激励。其中内部激励以激发个体的内在创造力为目的，它通过满足个体的好奇心、求知欲、自我价值的实现等，从而进行的具有自发性的和非官方的创造性活动，有效的内部激励措施包括科研工作本身的自主性和挑战性、团队成员职业生涯的规划、情感激励、文化激励等，内部激励通过激发团成员个体内在的积极主动性，从而产生持续的创造动力。外部激励来源于员工个体的外部，其实质是一种奖励制度，它可以激发人们去努力实现一个目标，有效的外部激励措施包括晋升和授权，晋升是对团队成员个人能力和知识创造绩效的一种肯定，有助于成员个体自我价值的实现，授权可以充分调动团队成员工作的积极性、主动性和创造性，赋予团队成员自我实现的成就感，这两种激励方式是成员个体成长激励最重要的表现形式。团队通过构建内部激励和外部激励相结合的系统，从而激发高校科研团队成员的创造性动机，以不断产生突破前人和突破自我的创造性成果。

（3）提高高校科研团队的影响力。高校科研团队的影响力，主要通过团队成员所创造的科研成果被国内外相关领域的认可程度来体现。一般而言，团队所创造科研成果的学术影响力和社会影响力越大，团队参与外部竞争的能力就越强，团队就可以获得较多的社会支持和高水平的国家级科研项目，在承担国家级科研项目的过程中，团队的个体创造力得到有效整合，释放出无穷的生命力，团队的创造能力得到不断提高，高水平的科研成果源源不断地涌现，如此循环反复，团队创造力得到不断提高。

提高高校科研团队的影响力可以从以下方面入手：①不断提高高校科研团队的原始创新能力，增强团队成员的创新意识。原始创新能力是从事基础研究和应用基础研究的原始动力，提高原始创新能力就是提高科学研究的源动力，有利于原创性思维和知识的迸发。②不断凝练学科方向，准确把握学科前沿的发展动态，这是高校科研团队从事知识创造活动的生命线，是产生重大的、有影响力和前瞻力的科研成果的保障。③依托创新研究基地。创新研究基地的建设是支撑高校科研团队发展的重要条件。高校科研团队依托创新研究基地可以获取一流的研究手段和良好的工作环境，为团队创造力的发挥提供充足的物质保障。

2. 基于自组织机制的提升

（1）积极搭建信息交流的平台。高等学校应努力搭建内外信息交流的平台，保障信息流通和传递的顺畅。同时高校还应该积极组织一些跨学科、跨院校的知识交流活动，给不同学科背景的科研人员一个思想碰撞、发现问题和开拓科研思路的机会。高校科研团队内部也可以采取多种形式的学习和交流活动，为教师和科研人员创造更多的思想碰撞和学习交流的机会。此外，学校还要积极重视与国外一流大学的交流与合作。使合作与交流的项目不仅仅停留在邀请国内外学者来作讲座，而应该进一步聘请他们来校做客座教授，在规定的时间内共同开展科学研究。这样不仅可以增加作项目的科研实力，还可以同时学到该领域国内外先进的思想和技术，进一步促进高校科研团队创造力的发展。

（2）提升应对突发事件的能力。在知识经济时代，由于高校科研团队所处的内外部环境较为复杂，而且科学研究活动具有与生俱来的风险性，高校科研团队的生存机会和发展机会也具有较大的风险性，一些突发事件所引发的高校科研团队创造力涨落现象更为频繁。例如，团队核心成员的流失、研究方向的改变、团队知识没有很好的进行存续、成员个体知识的转移等原因，也给高校科研团队创造力的形成造成很大的影响。高校科研团队应努力通过不断适应环境的变化，将风险因素转化为团队创造力发展的契机。因此，高校科研团队应进一步加强风险管理，提高应对突发事件的能力。

3. 基于整合机制的提升

（1）综合运用各种团队的创造力整合机制。高校科研团队创造力的整合机制，包括适

应融合机制、涌现机制和协同互补机制。在高校科研团队创造力的形成过程中，这三个机制并不是孤立存在的，而是相互协调、交叉作用以共同形成团队创造力。因此，作为团队创造力的形成主体——个人和团队而言，应充分认识这三个机制的特点和作用原理，同时以系统的观点，将这三种机制看成一个整体，既充分发挥每种机制的优势，又充分发挥这三种机制的协同优势。因此，在高校科研团队创造力的形成过程中应综合运用这三种机制。

（2）高效协调个体与团队创造力之间的整合关系。高校科研团队创造力的整合主体包括成员个体和团队，即个体层面的整合和团队层面的整合，这个整合过程不仅仅是从个体到团队的单向过程，也包括个体和团队之间的相互反馈过程。因此，个体层面的创造力整合和团队层面的创造力整合往往是同时发生的，这种相互交叉而又错综复杂的过程可能会影响到团队创造力的形成。因此，团队应协调好个体层次和团队层次的整合过程以提高团队知识创造的绩效。

由于个体创造力整合的好坏直接影响团队创造力的整合，因此，可以从个体创造力的整合人手来协调不同层次创造力的整合。促进个体层面创造力的整合需要为成员个体提供一个适合知识创造的环境，使其对团队目标产生一定的认同感，在对团队目标产生认同的过程中以及团队成员之间相互影响的过程中，产生个体知识创造的动机，并使个体知识创造的动机朝着有利于合作知识创造的方向变化和发展，而知识创造动机是产生知识创造行为的动力，推动着知识整合行为的发生，在这一过程中个体创造力得到有效整合。同时，高校科研团队成员个体作为团队中的　员参与到团队知识创造活动中，创造性的思维得到相互碰撞、相互启发、创造性的人格得到相互补充、知识和技能得到相互学习、相互交流、创造动机得到相互影响，实现了团队层面的创造力整合。因此，促进团队成员个体创造力的整合，协调好个体创造力和团队创造力之间的整合关系是影响高校科研团队创造力形成的重要条件。

4. 基于利益机制的提升

（1）依据团队成员的贡献程度合理分配科研利益。目前在我国高校科研团队中存在两种不合理现象：①科研项目的经费由项目主持人支配，导致绝大部分的利益由项目的主持人占有，但实际工作中，项目主持人由于行政事务的干扰或拥有项目较多，很难在科学研究中投入大量的精力，项目大都是由项目组成员来完成的，他们在实际科研工作中投入大量的时间和精力，对科学研究的贡献较大，但获得的利益却较少，项目主持人存在严重的搭便车行为，这样容易损害团队其他成员工作的积极性。②在高校科研团队中，高水平的科研成果、重大项目的申报往往都是围绕团队负责人进行的，而团队普通成员，如博士生、研究生往往一味听从导师的安排，循规蹈矩，缺乏自主创新的激情和动力，而导师也没有采取积极有效的鼓励措施来激励研究生。以上两种不合理现象都阻碍了高校科研团队创造力的发挥和形成。所以，高校科研团队应根据团队成员对团队绩效和团队目标的贡献程度来合理分配科研利益。

（2）减少或分摊高校科研团队成员的合作成本。高校应加大科研投入，不断改善高校科研工作者的工作环境，包括提供先进的科研设备、舒适的科研场所等，以便更好地促进高校科研工作的开展。高校还应该不断加强校际、院系之间的合作，将各个专业优秀的人才汇集在一起，形成科研合力。此外，高校还应该充分发挥现代通信和网络技术在科研工作中的作用，通过网络平台或信息平台将各领域专家汇集到一起，这样可以大幅降低高校科研团队的信息成本，有利于更快、更好、更高效地开展科学研究工作。合理分摊知识创造成本，应根据高校科研团队成员在科研项目中或科研团队中的收益程度来分摊成本，即收益程度越大所应分摊的成本越大，收益程度越小所分摊的成本越小。

（二）基于高校科研团队创造力形成过程的提升

1．基于宏观和微观形成过程的提升

（1）强化科研团队创造力生命周期管理。高校科研团队创造力所处的生命周期不同，其演化过程曲线和演化速度曲线均是不相同的，其面临的压力和危机也是不相同的。因此，应根据其在不同生命周期中的外在表现，提出有针对性的管理措施以保证高校科研团队创造力朝着健康、有序以及可持续的方向发展，在最长时间内保持高校科研团队拥有最强的创造力。

第一，在起步阶段，个体创造力大部分处于无序状态，组织或团队应大力开展各种团队学习活动，积极提供各种有利于创造性思维、创造性人格、创造性动机以及团队成员知识和技能相互碰撞、相互启发、相互了解的机会，不断激发高校科研团队的创造潜能，使团队成员尽快熟悉团队内部和外部的环境，同时团队负责人还要明确团队未来发展的定位，明确团队的任务目标，使每位成员清楚自身的角色定位、认同团队发展的目标，尽快形成共同的科研愿景。此外，高校科研团队还应尽快制定各种规章制度、各种奖惩措施，使团队各项工作有章可循，从而使无序的个体创造力尽快转变为有序的个体创造力。

第二，在成长阶段，高校科研团队面临着进一步凝练学术研究方向、推动团队发展壮大、提高团队成员的个体创造力以及内部冲突、外部协调和规范化等压力，因此，高校科

研团队应努力营造合作知识创造的氛围，加强团队成员之间的有效互动，尽快缩短团队成员之间的磨合过程，促进有序状态的个体创造力转变为无序状态的团队创造力，在这一过程中，团队负责人应努力争取团队外部的资源和政策支持，不断协调团队发展所涉及的各种关系，为团队创造力的发展提供一定的物质保障和精神保障，进一步推动团队创造力由成长期向成熟期迈进。

第三，在成熟阶段，高校科研团队在学术界已经具有了一定的影响力和知名度，科研产出的数量和质量相对比较稳定，随时可能产生重要的学术成果，这一阶段，团队创造力不仅由无序状态转变为有序状态，而且团队成员所具有的知识、技能、创造性思维、创造性人格、创造性的动机都处于发展的巅峰状态，因此，这一时期团队创造力发展的重心在于设法加强激励机制，完善各种激励措施，可以针对不同层次的团队成员采取不同的激励措施，从而使团队成员产生持续创新的动力，维持团队的创造活力。

第四，在衰退阶段，高校科研团队创造力遇到了发展的瓶颈，其竞争优势逐渐丧失，有序的团队创造力在逐渐向无序的个体创造力方向演化，这一阶段如果要想团队创造力重新焕发新的“生命力”，需要认真分析影响团队创造力发展的症结所在，及时分析目前存在的问题，根据存在的问题提出相应的解决措施。具体措施包括根据内外部环境的变化重新调整学术研究方向、重新定位团队发展目标，吸收和引进新的成员，对团队资源进行重新配置，必要时包括更换团队负责人，对团队组织结构进行重新调整以及重塑团队文化等，通过以上措施，进一步挖掘、整合和提升团队创造力，促进团队创造力健康、稳定、可持续的发展。

（2）团队创造力的形成提供合理社区。例如，高校配置“知识发酵吧”为团队创造力的形成提供合理社区。“高校科研团队创造力来自成员个体创造力，对成员个体创造力的整合需要一定的场所或情境，这个场所或情境就被称为‘知识发酵吧’”①。一切科研活动的最终结果是导致知识发生某种变化，如能大范围地把握知识运动变化的规律和现状就能从宏观上动态反映整个团队创造力的发展状态。因此，应该为高校科研团队创造力的形成提供合理的社区，即“知识发酵吧”。

一般而言，“知识发酵吧”有可能是自发产生的，但经常是变化不定或很快消失的，所以组织或高校科研团队应主动提供时间、空间及其他联系条件，促进团队成员之间的互动从而有目的地建立创意吧、规范化发酵吧、系统化发酵吧和演练与验证吧等，或者将已

---

①王磊. 高校科研团队创造力的形成与提升策略研究［M］. 北京：中国农业出版社，2014：203.

经存在的各种“知识发酵吧”有目的地联结起来从而形成一个更大的“知识发酵吧”。在“知识发酵吧”里，不仅团队已有知识得到转化和升华，形成新知识，而且在这一过程中，个体创造力逐渐被整合成团队创造力，主要表现为团队成员的不同思维方式和观点得到相互碰撞、相互启发，成员之间不同的人格特质得到相互补充，成员之间不同的创造动机得到相互影响，成员之间的知识和技能得到相互学习和相互利用等。因此，高校科研团队应通过配置“知识发酵吧”的形式，为知识的发酵和个体创造力的发酵提供场所、空间和氛围。

2. 基于惯例和演化博弈视角的提升

高校科研团队创造力的形成，受到团队合作知识创造惯例的影响和制约，团队合作知识创造的惯例，既是促进团队创造力形成和决定团队行为方式的基因，也是团队创造性活动持续发展的基础。惯例在团队合作知识创造的过程中具有“两面性”：一方面知识创造的惯例作为团队知识创造活动的重要组成部分，发挥着提高效率和稳定运行的功能；另一方面由于惯例在合作知识创造中表现为重复性的知识创造活动、重复性的知识创造方法和标准化，因此成为高校科研团队从事知识开发和创造活动的障碍，在一定程度上也阻碍了创造性思维的产生。高校科研团队应勇于打破不利于团队合作知识创造的惯例，努力发展以知识创造为导向的行为模式，破除团队成员对知识认识上的各种功能固执和思想惰性，主动更新惯例，回避惯例惰性。

另外，我们应该适当运用一些惩罚措施，在高校科研团队中，可能会有项目负责人和核心成员对科研成果的排名、团队科研项目剩余经费的分配、专利完成人的排名顺序等存在争议，这些矛盾是由于高校科研团队考核评价与激励机制不健全，缺乏有效的优胜劣汰的监督，忽视科研成果的转化等原因所造成的。因此，从立项之初到最终的完成，高校科研团队都要制定严格的科研项目考核机制，建立一个向能力倾斜、向贡献倾斜的分配机制，形成一个良性竞争的平台。正确公正地评价团队负责人以外的其他成员，使每一位成员为团队所作的贡献得到充分认可，让贡献自身才能的科研人员充分体现自身的价值，使每一个科研人员充分信任自己所在的团队，产生科研归属感。

（三）基于高校科研团队创造力影响因素的提升

1. 基于创造主体的提升

（1）培养团队成员的创造性思维。创造性思维是高校科研团队创造力的核心，也是团队从事知识创造活动的灵魂。高校科研团队成员在日常从事科研活动的过程中，要自觉

地、有意识地培养创造性思维习惯，这种习惯不是一蹴而就的，而是在经过长时间反反复复地科研实践活动中形成的。培养高校科研团队成员创造性的思维可以从以下方面着手。

第一，培养多种思维能力，并促进不同思维形式的优化组合。创造性的思维能力是多种思维能力的有机组合，不同的思维能力之间互为补充，共同推动创造性思维能力的形成，因此，对高校科研团队进行创造性的思维能力的培养主要是对团队发散思维和聚合思维的培养、团队横向思维和纵向思维的培养、团队逆向思维和正向思维的培养、团队潜意识思维和显意识思维的培养等。此外，创造性思维的成果需要逻辑思维的验证、总结和提高，高校科研团队还应该注重逻辑思维能力的培养。因此，高校科研团队从事知识创造活动时，应将多种思维形式进行优化组合。

第二，要勇于打破习惯性思维定式。高校科研团队在从事日常科研活动时，要勇于接受新的理论和思想，大胆进行假设，合理进行质疑，要勇于突破固有的思维形式和方法，避免陷入固有思维模式的框框中，造成思路阻塞，难以实现思维的飞跃和突破。因此，高校科研团队要养成批判性地接受知识的习惯，以便从新的角度用新的方法去思考问题和解决问题。

第三，要多在科研实践中进行创造性思维能力的训练。要让团队成员积极参与到知识创造活动中，在科研实践活动中经常进行思维发散性的训练、联想思维的训练、摆脱性思维的训练以及逆向思维的训练等，在实践活动中不断积累经验，有意识地培养良好的思维习惯。

（2）塑造团队成员的创造性人格。高校科研团队成员具有良好的创造性人格特征，是团队创造力形成的重要基础，只有具有良好的创造性人格，高校科研团队成员才能以自觉的创造意识、坚毅的创造意志去运用领域相关专业知识和科学的创造技法，发挥自身灵活的创造性思维和各方面的创造能力去从事科研活动。创造性人格是创造力发展的动力和方向保证，是主体在创造活动中表现出来的一种心理倾向，包括创造主体的理想、信念、意志、情感、道德等非智力素质的总和。创造学认为，具有较强创造力的主体应具有以下特征：较强的求知欲、丰富的想象力、无畏的独处力、强烈的好奇心、坚韧不拔、独立自信、自制力强、不盲目顺从等。因此，在日常的科研活动中可以从以下方面着手对团队成员创造性人格进行培养。

第一，激发团队成员强烈的求知欲望，鼓励其提出不一样的科研想法和科研思路。

第二，帮助团队成员克服畏惧心理，鼓励其大胆尝试冒险性科研活动，教导其不盲从、不顺从，要具有独立自信的人格特质，努力营造自由、民主、和谐的团队气氛。

第三，鼓励团队成员向创造性较为活跃的成员学习和借鉴，使其在模仿的过程中受到其他成员人格魅力的熏陶。

第四，要注重培养团队成员的恒心和毅力，任何科研活动的创造过程都是一个艰苦跋涉的过程，不可能一帆风顺，当遇到各种挫折和困难时，必须要有顽强拼搏的精神和坚定的毅力才能成功。因此，塑造团队成员创造性的人格特质有利于形成高水平的团队创造力。

（3）激发团队成员的创造意识。创造意识是指创造主体不墨守成规，力求推陈出新，即对原有的事物进行改造、革新、完善和发展，创造出新事物的意识。创造意识是高校科研团队从事创造性活动的前提，团队成员如果没有创造意识，科研活动就可能止步不前，很难取得重大突破性的科研成果。激发高校科研团队成员的创造意识可以从以下方面入手。

第一，培养团队成员的自信心。高校科研团队成员要主动破除只有少数人能取得重大突破性成果的错误思想，要对自己的创造力和创造潜力充满信心，在困难面前要坚定必胜的信念。

第二，培养和激发团队成员的创造动机。培养和激发团队成员的创造动机不仅仅要激发和培养团队成员的创造兴趣、对创造性行为予以鼓励和支持，更重要的是培养和激发团队成员的成就动机，树立远大的学术抱负，通过对团队成员内在动机的激发，使其更加热衷于从事赋予创造性的工作。

第三，激发和维持创造热情。当团队成员的情绪较为积极时，就会表现出强烈的创造性，丰富的想象力，有利于激发创造性的思维。激发和维持团队创造热情需要使团队成员在知识创造活动中体会到乐趣、成功和价值感。因此，高校科研团队在日常的科研活动中可将科研目标划分为若干个子目标，通过每一个目标的实现，使团队成员体会到成功的喜悦。这样创造热情就能够经常得到激励，可以长期地维持下去。

第四，锤炼创造意志。坚强的创造意志是产生创造性思维的有力保证，意志越坚定，克服困难的决心就越坚定，越容易产生积极的情感。团队成员的情绪较为高涨时，就会表现出强烈的创造性，因此，团队负责人应在日常的科研实践活动中有意识地让团队成员承担一些难度较大的问题，在解决问题的过程中反复锤炼团队成员的创造意志，使其在困难面前不气馁、不妥协。

（4）合理搭配项目小组成员。一般异质性和专长异质性对高校科研团队创造力的形成具有显著的正向影响。对于高校科研团队而言，不同的科研项目对团队成员的学科背景、

知识结构、创造技能、人格特质和创造动机的要求都是不同的。作为团队负责人，要熟悉每位成员的优势和劣势，合理搭配项目组成员，在充分发挥个体创造力优势的同时，又能够很好地对个体创造力进行补充，从而高质高效地完成所承担的科研项目。合理搭配项目组成员可以采取以下措施。

第一，构建合理的科研梯队。高校科研团队应采取“老、中、青”搭配的形式组建科研团队，这种搭配形式充分兼顾了高校科研团队成员在年龄、工作年限、专业背景、科研经历等方面的差异性，通过不同人格特征和异质性思维的相互碰撞，有利于团队成员从不同角度思考和解决同一问题。

第二，加强高校科研团队中青年教师的队伍建设。青年教师是高校科研团队中思维最为活跃、创造力最为旺盛的群体，在科研活动中起到非常重要的作用。由于科技评价体制以及自身的一些原因，青年教师申请科研项目非常困难，很多创新的思路和想法得不到科研资金的支持，无法从事知识创造的实践活动，这就严重制约了青年教师个体创造力的发挥，进而影响了团队创造力的形成。因此，团队应为每位青年教师配备科研导师，科研导师应正确引导和积极鼓励青年教师的知识创造行为，使其在学术研究中快速成长，不断提高个体的创造力。

第三，要注重“导师—研究生”的队伍建设。“师徒制”是高校科研团队知识创造的主要模式，要注意培养导师和研究生之间的和谐关系，加强导师和研究生之间的有效互动，积极促进知识的分享和经验的交流。

（5）积累专业领域知识与创造技能。团队成员所具备的专业领域知识和领域技能是高校科研团队创造力的重要组成部分，团队成员通过多种渠道的学习，既丰富了个体知识和技能的储备，又改善了自身的知识创造行为，有利于团队知识体系的不断优化。在团队成员不断学习，积极获取知识的过程中，个体的创造力得到不断的提高，个体在团队中参与竞争的优势不断增强，个体驾驭科研项目的能力不断成熟，因此，团队成员应在平常的科研实践活动中不断地积累专业领域知识和提高创造技能。不断积累专业领域知识的渠道很多，包括积极地参加学术研讨会，参与导师的学术研究课题，和团队成员经常沟通和交流、参加国际学术会议等。总而言之，团队成员要多听、多看、勤动手和勤动脑，这样经过长时间的学习和积累，专业知识会不断得到增长。

创造技能对于创造性思维的产生具有重要的作用。团队创造技能的提高和日常的科研实践活动紧密相关，这些科研实践活动主要包括对所搜集信息的组织加工、对实验工具材料的操作、对创造成果的表达、处理创造过程中的一些突发事故等，团队成员应积极参与其中，努力提高自身的实践能力。此外，提高创造技能还应该提高团队成员把握机遇的能力。机遇的出现可以将团队知识创造活动推向一个全新的境界，团队成员要养成良好的习惯以抓住机遇，例如，准备一个小本子随时记录自己的各种突发灵感，防止任何创意的流失。因此，团队成员在知识创造活动中应始终保持细心和警惕。

（6）提高团队负责人能力素质。领导魅力和获取支持对高校科研团队创造力的形成具有显著的正向影响。高校科研团队负责人是团队创造力形成的引领者，是团队创造力发展的组织者，是团队创造资源的整合者，也是促进团队发展的协调者。提高高校科研团队的创造力首先要提高团队负责人个人的能力素质，我们可以从提高团队战略发展的把握能力、获取外部支持的能力以及提高学术威望及信誉度等方面入手。提高团队战略发展的把握能力，需要团队负责人以战略的眼光选定学术研究方向，具有捕捉和把握专业前沿问题的能力，不断提高团队资源配置的能力以及不断提高科研进度的掌控能力等；提高获取外部支持的能力需要团队负责人以“外交家”的身份代表团队处理与组织以及其他部门的关系，为团队获取更多的创造资源以及赢得更多的外部支持；提高学术威望及信誉度需要团队负责人通过提高自身的学术魅力以及人格魅力来吸引团队成员，为团队成员树立榜样。

此外，团队负责人或组织负责人应不断刺激团队成员的学习欲望，提供尽可能多地学习机会，鼓励团队成员在科学研究的过程中不断创造和自我超越，从而使团队创造力始终保持积极向上的活力。团队或组织能够为团队成员提供的学习机会包括聘请本学科及相关学科的权威专家为团队进行前沿领域和相关研究方法的讲座，不断开拓团队成员的研究视野、为团队成员提供国内外访学、交流、参加学术会议、参与项目合作等学习机会，不断积累团队成员的科研经验、为团队年轻人提供向团队学术骨干和前辈学习的机会，通过协助其工作，使他们能够得到学术骨干和前辈的直接指导和帮助，促进团队年轻人更快更好的成长，从而为团队发展培养和储备了大量优秀人才。

2. 基于创造内容的提升

（1）经常进行创造方法的培训。高校科研团队在日常的科研实践活动中，不仅要注重对专业知识、专业技能的学习，还要对其进行创造方法的培训。创造方法是高校科研团队实现创造目的的途径和手段，任何科研活动的过程和结果都有一定的规律和方法可以遵循，高校科研团成员可以借鉴前人从大量的科研实践活动中总结提炼出来的技巧、经验、方法和流程，来启发创造性思维，激发创造灵感。因此，高校科研团队要结合专业领域知识创造的要求，有目的的定期对团队成员开展创造方法的培训，并将其作为团队培训的重要内容来进行，高校科研团队骨干成员以及核心成员，尤其是研究生导师，应在日常指导

学生的过程中，有意识地鼓励学生运用这些创造方法去解决问题。目前常用的创造方法主要有群智法、组合法、模仿法、移植法、替代法、列举法、设问法、信息法、主题创造法、形态分析法和还原法等。

（2）构建以课题为方向的学习小组。高校科研团队应结合自身的研究方向，建立以课题为方向的学习小组，团队成员可以结合具体的问题以及自身的研究兴趣，采取自愿参加的原则。由于学习小组具有自愿性、群众性、示范性的特点，不仅团队内部有创造兴趣的成员愿意参加，而且这些学习小组具有较强的辐射性、感染性和引导的作用，也会吸引那些对某一研究课题没有创造欲望的成员参与，在从众意识和模仿心理的驱动下，这些团队成员也会积极地投入到相关的知识创造活动中来。

此外，学习小组还应该开展各种各样丰富多彩的学习活动，以在实践中不断强化团队成员的创造兴趣和创造意识。例如，学习小组每周举行一次学术讨论会，利用头脑风暴法①就某一具体问题展开学术讨论，团队成员可以从中获取有价值的学术创意。通过丰富多彩的学习活动，加速成员个体知识向能力的转化，也将引起团队成员的创造兴趣和创造冲动。

（3）积极承担高水平的科研项目。承担高水平的科研项目是衡量高校科研团队科学研究水平和学术地位的一个重要指标。高水平的科研项目是指针对国家长远发展目标，面向国家重大需求，具有广泛社会影响力的科研项目，主要包括国家自然科学基金项目、国家社会科学基金项目、国家重点基础研究发展计划项目、国家高技术研究发展计划项目、国家科技支撑计划项目等，这些项日大部分具有意义重大、内容复杂、涉及面广、耗资巨大，研究周期较长的特点。高校科研团队在实施高水平科研项目的过程中必然遇到很多疑难问题和技术难题，科研项目的探索性程度越大，越能激发团队成员的创造兴趣和创造动机，其产生创造成果的适用性和新颖性就越强，团队创造力的水平就越高，因此，承担高水平的科研项目更容易促进团队创造力的形成。

团队知识整合能力在团队层面影响因素和团队创造力之间起到重要的中介作用。因此，不断提高高校科研团队的知识整合能力是承担高水平科研项目的前提条件。高校科研团队既要重视对团队内部的知识整合，也要重视对团队外部的知识整合，通过将两者的结合，有效整合各种资源，打造团队优势，以组织策划重大科研项目，为提升科研水平的突破口，集成原有基础进行整体规划，提高科研项目的竞争力。

---

①头脑风暴法（Brain storming），是指由美国 BBDO 广告公司的亚历克斯・奥斯本首创，该方法主要由价值工程工作小组人员在正常融洽和不受任何限制的气氛中以会议形式进行讨论、座谈，打破常规，积极思考，畅所欲言，充分发表看法。

3. 基于创造成果的提升

（1）重视科研成果评价的管理。科研成果是指人们在探索未知领域的过程中进行有目的的、创造性的活动以及在这一过程中所取得的具有学术价值或社会价值的劳动结晶。随着科学研究日益成为推动高校科研团队发展和建设的核心力量，高校科研团队之间的竞争逐渐演变为科研水平和科研实力的竞争，在这种情况下，科研成果就成为衡量高校科研团队科研水平和科研实力的重要标志，它是高校科研团队创造力的外在表现。科学合理地评价科研成果，可以使高校科研团队准确把握团队科研方向、选准科学研究课题，提高团队知识创造效率，有利于激励团队成员从事科研工作的积极性，直接关系到科技资源的合理配置和高效使用。很多高校还将对科研成果的评价结果作为团队成员职称晋升、奖励和科研考核等方面的重要依据。因此，高校及组织应重视对高校科研团队科研成果的评价管理，建立公开、公正、民主、科学的科研评价制度。

（2）利用文献计量法挖掘团队潜力。文献计量法结合定性分析可以揭示某一学科或某一组织研究的热点、研究发展趋势、知识结构等特点。这种方法自出现以来，得到了研究者和科研管理部门的普遍青睐，常被用来把握科学技术的发展动态和方向，确定和选择科研课题、评估研究课题的新颖性和准确性，评价某一研究成果、研究方法的效果等。近年来，在信息技术的推动下，可以利用可视化图形的形式揭示其隐藏的规律和模式，使科研工作者更容易地浏览、分析和理解信息。目前，进行可视化图形展示的软件包括 Netdraw、Pajek、Citespace 等，高校科研团队应充分利用这些知识挖掘工具，在文献计量法的基础上，科学地对团队科研成果进行知识挖掘，从而正确引导团队的科研工作。

4. 基于创造环境的提升

（1）把握高校科研团队的运作资源。高校科研团队所拥有的资源包括人力、物力和财力，要想促进高校科研团队创造力的有序形成就必须注意在这三方面进行积累，并对有限的资源进行合理的配置。在人力资源的储备上，团队应注意对团队成员的培养，为团队成员制定培养计划，这个培养计划可以分为三个层次：第一个层次是针对团队负责人的，目的在于培养大师级的领军人物；第二个层次是针对团队骨干成员的，目的在于培养具有一定发展潜力，并具有较强学术能力和管理能力的骨干成员，使他们成为未来的学术带头人；第三个层次是针对团队核心成员和研究生的，目的在于提高其整体素质，培养其创造品质，促进其快速成长。

通过上述自上而下的人才拉动计划，有利于团队进行有计划、有组织的人力资源开发。在物力资源的储备上，不仅要保证仪器设备的数量，更要保证质量，例如，购买先进

的仪器设备、设立专门的维护人员对仪器设备进行保养和维修等。在科研经费方面，要严格科研经费的管理工作，做到专款专用，杜绝虚报瞒领现象，如团队采取加强中期检查、严格结题验收、加强审计检查等措施。

此外，在对团队的人、财、物进行积累和管理的基础上，还要根据科研项目的要求对有限的团队资源进行合理配置，使人、财、物各种生产要素有效搭配，协调运行，保证人尽其才，物尽其用。

（2）加强高校科研团队的文化建设。团队文化对团队核心竞争力的形成具有重要的影响，是凝聚团队成员人心和力量的主要源泉，团队负责人应大力营造平等、和谐、蓬勃发展的团队文化，通过构建良好的团队文化，不断提高团队成员的协作精神，培养良好的思维方式和工作模式。高校科研团队文化是团队成员在长期合作的过程中形成的，优秀的团队文化具有一定的号召力、凝聚力和持续发展力，能够将具有不同创造性思维、创造性人格、创造性动机和知识背景的团队成员统一起来，为实现团队共同的目标而奋斗。每一个高校科研团队都有其不同的发展经历、学科特色和成员结构，并且每一个团队负责人都有不同的人格魅力，所以每一个团队文化都各具特色。

（3）完善高校科研团队的制度建设。规章制度是对高校科研团队成员在工作、学习和科研实践活动中所必须遵守的共同行为准则作出的规定。加强高校科研团队的制度建设，可以使全体团队成员有明确清晰的行为规范，以保障各项科研实践活动的正常秩序和团队纪律，可以提高团队合作知识创造效率，促进团队文化建设。团队规章制度的制定要坚持“以人为本”的管理理念以及科学性与可行性相统一的原则，既充分调动团队成员工作的积极性，又保持团队的相对稳定性。总而言之，加强高校科研团队制度建设可以从完善团队的约束激励机制、完善团队的利益分配机制、完善团队的绩效考核机制等方面着手，着力打造有利于高校科研团队创造力持久有序发展，并具有前瞻性、创新性、规范性和相对稳定性的制度环境。

（4）构建高校科研团队的保障组织。高校科研团队在发展的过程中，必然会遇到阻碍团队创造力形成的各种障碍因素，有些障碍因素是团队可以凭借自身的能力解决的，有些障碍因素则不可以，超出了高校科研团队的能力范围，需要组织出面沟通和协调，为高校科研团队提供各方面的保障。因此，高校科研团队所在的组织及学校相关管理和服务部门应充分发挥自身的职能，加强对科研团队在人员配置、科研经费支配、仪器设备使用、课题申请、中期考核、结题等方面的服务，勇于打破阻碍高校科研团队发展的制度壁垒，为团队创造力的形成营造良好的外部发展氛围。

第三节　高校科研团队管理的激励机制

一、高校科研团队管理激励机制的相关理论

第一，马斯洛需要层次论。“1943 年，美国心理学家亚伯拉罕・马斯洛提出需求层次理论”①。按照从低到高的实现呈金字塔形状，人的需求可以分为五个层次：第一层是生理需求，个体赖以生存的衣食住行等方面；第二层次是安全需求；第三层次是情感和归属需求；第四层次是尊重的需要；第五层次是自我实现的需要。其中前三层属于低级需要，后两层属于高级需要。一个科研团队，由于年龄、职称或级别不同，各自需求有所差异，可以根据不同的人给予不同的奖励方式，满足不同的需求。

第二，赫茨伯格双因素理论。美国心理学家赫茨伯格的双因素理论，又称“激励保健理论”，该理论认为引起人们工作动机的因素主要有两个：一是激励因素；二是保健因素。只有激励因素才能够给人们带来满意感，而保健因素只能消除人们的不满，但不会带来满意感。将双因素理论运用于科研管理之中，对科研人员的行为进行激励时，物质激励会调动人的积极性，但并不持续稳定，真正激发人工作动机的因素主要来自工作本身。那么，科研团队管理应重视工作本身对团队的激发作用，创设一个既宽松又具竞争性的科研环境。

第三，克雷顿・奥尔德弗的“ERG”理论。克雷顿・奥尔德弗的人本主义需要理论，即“ERG”理论认为，人们有生存的需要、相互关系的需要和成长发展的需要这三种核心需要，这一理论告诉我们科研人员在满足了基本物质需要后，成员之间相互关系、个人和团队前途都是科研团队管理中所必须考虑的因素。激发科研人员的积极性时，一定要处理好个人与团队、短期利益和长远利益的关系。营造一个和谐的科研团队，鼓励大家相互支持和帮助，引导科研人员正确评价自己和别人的劳动，在整个团队逐步壮大时提高自己。

二、高校科研团队管理激励机制的主要策略

运用激励手段最大限度发挥教师积极性是高校科研团队管理的核心问题和关键环节。

---

①沃闻达. 激励机制在高校科研团队管理中的运用［J］. 科教导刊（下旬），2017（21）：12.

要解决上述问题，必须将各种激励理论与我国高校的科研管理相结合，制定一套覆盖面广、能满足各层次需要的全面激励机制。

（一）物质激励和精神激励相结合

目前，职称和职务是影响我国高校教师收入的主要因素，这种方式并不能起到长期有效的激励作用。除了按职称、年限确定的工资外，还应该根据教学、科研工作量完成情况确定奖励薪资。同时，为了鼓励高校教师出更高质量的成果，对科研作出贡献的人可以设立附加薪资。不仅如此，物质激励与精神激励应结合起来。马斯洛需要层次论认为需要有不同的层次，但不同时期的主导需要不同。对于具有高级职称的教师而言，其主导需要是精神上的高级需求，因而精神激励尤为重要。对于一般青年教师而言，他们的主导需求更多地表现在物质方面，因而需要尽量提高他们的收入水平来解决生存需要。

（二）目标统一和奖励多样化相结合

确立科研团队组织目标，为团队成员提供为之共同努力的方向。一项专利或成果的实现，是不同人员分工协作的结果，是集体智慧的结晶，而不是某一个人的成果。在高校科研奖励过程中，不仅要把课题负责人，论文第一作者作为奖励对象，对参与课题研究并作出贡献的试验人员和其他人员也应该给予奖励，按照贡献大小来分配奖励比例。对专心科研的年轻教师，在资源分配上应有所倾斜。

（三）健全评价体系和营造学术氛围相结合

健全的科研评价体系是管理科研团队的一面镜子，科研人员以此作为参照。采取全面多种评价方式相结合：数量与质量、短期效应和长期效应、个体效应和社会效应等。例如，有些科研成果以产出数量为考核标准，一些非常深刻乃至突破性的研究结果绝对不能仅凭数量来评价。除健全评价体系外，还必须营造良好的学术氛围，每个科研人员能在健康和谐的工作环境中安心研究。同时，给科研人员提供在职培训、出国进修的学习机会，开展各种形式的学术交流活动，使整个科研团队共同进步。

总而言之，在高校科研团队管理中，需要运用恰当的激励方式和激励措施，使科研团队个体需要与团队需要相一致、个体目标与团队目标相融合，从而提高科研团队水平，扩大社会影响力。

第四节　高校科研团队建设的对策思考

高校科研团队是高校创新的主力，高校创新是国家创新体系的主要组成部分。高校培养的创新人才是整个国家创新体系的人才支撑体系。加强高校科研团队建设，既是高校创新的需要，也是培养创新人才的需要，高校科研团队建设的对策具体如下。

一、创新高校科研团队建设的理念

理念支配思想、形成认识；认识指导行为、影响政策。解决理念滞后的对策要以科学发展观为指导，创新高校科研团队发展理念，树立以下三种理念。

（一）超前发展理念

树立高校科研团队超前发展理念，就是要把高校科研团队的发展提高到科教兴国、人才强国的高度，提高到培养创新人才的高度，提高到建设创新型国家的高度，制定相应的法律法规和政策措施，加快发展速度，提升发展质量。

1. 加快发展的速度

加快发展速度就是要优先保证高校科研团队的发展，以超过常规的发展速度去发展，大幅度提高发展速度。目前的高校科研团队发展是竞争性发展，是一种市场机制，这种发展对开始比较弱小而又有发展潜力的高校科研团队不利，也与高校招生的计划机制不匹配。政府和高校应有超前思维，把高校招生的计划机制与科研项目的市场竞争机制有机地结合起来。在保持竞争性发展的同时，拨专款作为科研均等化发展资金，让每一位高校教师都有一定的基本科研经费，这样更有利于形成高校科研团队生态系统。因为一个国家的高校科研团队系统是一个金字塔式的高校创新生态环境，顶尖素质的高层次科研团队需要大量的中层次科研团队作为支撑，而这些中层次科研团队需要更多的低层次科研团队作为支撑。只有发展数量众多的低层次高校科研团队，才能保证形成一定量的中层次高校科研团队，从而发展形成少量的高层次高校科研团队，形成合理的金字塔式高校创新生态环境。

加快高校科研团队发展速度，必须确立超前发展的理念，打破发展常规，大幅度增加专门的高校科研团队发展资金，大幅度增加国家自然科学基金、国家社会科学基金、教育

部社会科学基金等科研基金，使高校科研经费超常规快速增加。

2. 提升发展的质量

提升发展质量就是在加快发展速度的基础上，创造有利于发展的学术环境，保障学术自由，大幅度提升高校科研团队发展质量。在保障学术自由方面可以借鉴其他国家的经验。当今时代，学术自由不仅是一些国家大学认同的一种大学理念，而且已成为一种现代大学制度。我国要发展高校科研团队，建设世界一流的大学，保障学术自由权利是一个基本的条件。

当前，我国的学术环境已经得到了很大的改善，学术自由有了基本保障，但是，由于评价机制不合理、科研管理不规范等因素的影响，高校科研团队内部交流实际上存在着一定困难。造成这种情况，一方面是科研评价机制不合理；另一方面是科研管理还不够规范，使科研人员处于紧张焦虑的过度竞争学术环境中。宽松的学术自由环境既包括学术言论自由，又包括学术竞争自由，需要良好规范的竞争环境，这些都是促进高校科研团队创新的必要条件。提高科研团队的发展质量，必须有充分的学术交流和学术活力。高校科研团队不但要加强团队内部交流，还要加强团队外部交流。

（二）规范管理理念

树立规范管理的理念就是要对高校科研团队及其相关事务进行规范管理，以保障高校科研团队健康发展。对高校科研团队进行规范管理要符合依法治国和依法行政的要求，在保障和服务学术自由的前提下进行规范管理。

1. 完善管理依据

科学研究是中华人民共和国宪法赋予的权利，依法管理是科研机构的基本职责。科学研究是一项公益性事业，保障科学研究权利，国家需要加大科研投入。规范管理不仅仅是对科研团队进行规范管理，更重要的是对科研投入、科研管理机构进行规范管理，以确保科研团队工作的顺利进行。规范管理首先要从法律上进行规范。我国相关法律对加强科技管理提供了依据，但是专门针对高校科研的规定较少，没有关于高校科研团队和产学研一体化的专门规定，也没有高校科研与研究生教育一体化的规定，对科研项目的规定也过于抽象。树立规范管理的理念，就是要加强管理，把科研团队管理纳入法制轨道。按照规范管理的要求，我们可以增加“高校科学研究”和“科研团队”的相关内容，明确高校的重要地位和高校科研团队的重要作用。依法规定相关部门对高校科研投入、项目管理等方面的义务与责任，依法建立产学研一体化制度，高校科研、教学和学习一体化制度等，为高校科研团队建设和管理提供法律依据。

2. 实施规范管理

相关部门应进一步制定高校科研团队的有关政策和制度，完善科研项目的有关规定，积极实施高校科研团队规范管理，以保障高校科研团队的快速健康发展。积极实施高校科研团队规范管理，政府和高校科研管理机构首先要规范自身管理行为，依法保障科研经费投入，规范科研经费的使用和管理，杜绝投入和使用的随意性；在高校科研团队申报、评审、运行、结项等过程中，遵守科研规范，依法进行管理，搞好科研服务，保障公平竞争，维护竞争秩序。其次根据《中华人民共和国科学技术进步法》等法律法规，完善各项科研管理制度，包括高校科研项目的申报、评审、运行、结项制度；高校产学研一体化制度；高校科研、教学和学习一体化制度；高校创新教育制度；高校科研与研究生教育一体化制度；高校科技成果转化制度；高校科研团队内部管理制度；高校学术不端及其调查处理制度等。管理机构积极实施高校科研团队规范管理，要把规范管理和优化服务有机结合起来，既要创造宽松的学术自由环境，又要加强团队管理研究，解决学术失范问题，遏制学术不端行为。

（三）全面创新理念

树立全面创新的理念，就是要全面思考高校科研团队在提升高校创新能力过程中的作用，系统谋划高校科研团队建设，用全面创新的理念实现高校科研团队建设多元化，把高校科研团队看作一个系统来建设。

1. 实现高校科研团队多元化建设

创新与高校创新都是多方面的，建设创新型国家也具有多方面的内容，科技创新只是其中的一个重要组成部分。与此相对应，高校科研团队也不仅仅是科技方面的科研团队。树立多元创新的理念，就是需要政府和高校在重视高校科技科研团队建设的同时，重视高校人文科研团队建设；在重视科技创新的同时，重视人文创新，特别是要重视管理创新、制度创新和政策创新；在重视科研创新的同时，重视培养创新人才等，兼顾多方面的创新。

第一，发展高校科技科研团队，提升高校科技创新能力的同时，加强高校人文科研团队建设，提升高校人文创新能力。在当前重理轻文的环境下，人文创新显得更为重要。人文创新包括人文理念创新、管理创新、政策创新、制度创新等。

第二，发挥高校多学科优势，建立跨学科科研团队，特别是文理综合创新团队。政府

相关部门可以拨出专款，授权教育部组建文理综合创新团队，对社会发展中出现的诸如教育、医疗、住房、分配、环境等重大社会问题，发挥高校多学科优势，汇集科技创新人才和人文创新人才，集中力量进行攻关，研究可行性、创新性方案，以解决这些重大社会问题。

第三，建立高校科研、教学和学习一体化科研团队，在产出科研成果的同时培养创新人才。改革现有的高校科研制度和教学制度，建立高校科研、教学和学习一体化制度，特别是要建立和完善科研与研究生培养一体化制度，为建设创新型国家培养更多的创新型人才。

第四，以科学发展观为指导，多层次发展高校科研团队，包括建立国家层次、地方政府层次、高校层次、院系层次的高校科研团队，遵循高校科研团队的生态发展规律，形成高校科研团队金字塔生态系统。

第五，科研经费分配要兼顾公平与效率，加大青年项目的支持力度，加强不同高校的科研支持力度，加强对中西部落后地区高校的科研支持力度，避免经费过度集中在少数权威、重点高校手中。

2. 将高校科研团队看作一个系统

高等教育系统本身是一个复杂的综合性系统，这个系统与建设创新型国家密切相关，是国家创新体系的重要组成部分，高校科研团队系统是高等教育系统的一个子系统。树立全面创新理念，就是要把高校科研团队当作一个系统来建设，运用系统科学的理论来思考高校科研团队建设。任何系统都不是孤立存在的，系统内外之间互相联系、互相影响和互相制约。国家创新体系是社会系统的一个组成部分，国家创新体系与社会系统的其他部分往往是互相联系和互相影响的。同时，国家创新体系又可以分为一些子系统，包括企业、科研院所和高校创新体系等。随着国家创新体系的不断发展，高校作为一个子系统起着越来越重要的作用，而高校科研团队作为高校创新的主力军无疑也越来越重要。就高校创新而言，根据系统科学的观点，高等教育系统是整个国家创新体系的一个重要组成部分，而高校科研团队系统又是高等教育系统的一个重要组成部分。国家创新体系、高等教育系统以及高校科研团队系统三者之间互相联系、互相影响，存在着大量的能量、信息交换。因此，高校科研团队建设不仅要紧密联系高等教育系统，而且要考虑它与整个国家创新体系的联系，把高校科研团队系统与其他相关创新系统结合起来研究。

同时，由于高校科研团队本身是一个系统，这个系统是一个金字塔式的高校创新生态系统。在发展高校科研团队时，要有全面的系统意识，既要发展高校科技科研团队，又要发展高校人文科研团队；既要发展高层次的高校科研团队，又要发展中层次高校科研团队，还要培育低层次的高校科研团队；既要在科研经费上向重点大学、研究型大学倾斜，又要给予各级各类高校一定的均等化科研支持；既要支持东部地区高校科研团队发展，也要支持中西部地区高校科研团队发展；既要规范高校科研团队的科研行为，又要规范相关管理部门的科研管理行为。把高校科研团队看作一个系统，需要教育行政部门以科学发展观为指导，牵头成立以专家为主体的高校创新战略推进委员会，全面系统考虑高校科研团队建设问题，建立高校科研团队金字塔生态发展系统，推进高校科研团队系统科学发展，不断提升高校创新能力。

二、改革高校科研团队建设的体制

改革体制就是要克服现有体制中的不足，建立适合于高校科研团队发展的各种制度与政策，以增强高校科研团队内部活力，提高高校科研团队学术产出，造就高校科研团队领军人才，使管理体制、激励体制和人才体制适应高校科研团队建设的需要。

（一）改革管理体制，增强内部活力

高校科研制度安排缺乏灵活性，科研运行机制缺乏有效性，是高校科研团队内部活力不足的主要原因之一。改革管理体制是增强高校科研团队内部活力的重要对策。

1. 增强内部管理活力

改革传统管理体制，实行高校科研团队目标管理，是增强高校科研团队内部管理活力的有效措施。实行目标管理不是政府和高校给科研团队确定目标，也不是科研团队给团队成员规定目标，而是要加强沟通与协商，增强目标的引导性、自主性。要把提高团队内部管理水平和完成科研目标结合起来，把科研团队围绕整体目标进行集体攻关和给予团队成员自由研究有机结合起来，以增强团队目标管理活力和成员个性管理活力。

（1）增强团队目标管理活力。增强团队目标管理活力不是鼓励高校科研团队随时改变科研目标，而且要围绕科研目标增强管理合力，更有效地实现科研目标。目标管理的概念是管理专家彼得·德鲁克 1954 年在其名著《管理实践》中最先提出的。目标管理提出以后，便在美国企业中迅速流传并广泛应用，且很快为日本、西欧国家的企业所仿效，在政府和非政府组织等机构也被借鉴应用。

目标管理的具体形式虽然多样，但其基本内容是一样的。目标管理是通过组织中的上下级协商，根据组织的使命和宗旨确定一定时期内的组织总目标，由上下级共同决定责任

和分目标，并把这些目标作为组织经营与管理的依据，以及评估与奖励每个单位和个人贡献的标准。目标管理是以Y理论为指导思想，即认为在目标明确的条件下，组织成员能够对自己负责。高校科研团队引入目标管理，更有利于增强科研团队内部管理活力。

第一，高校科研团队目标管理与传统的管理方式相比的特点，具体见表4-1。

表4-1　高校科研团队目标管理的特点

主要特点	具体内容
重视人的因素	高校科研团队目标管理是一种参与的、民主的、自我控制的管理，能够把政府和高校对科研团队的管理目标、团队组织目标与团队成员个人需求有效地结合起来。在这一制度下，科研管理者、团队带头人与团队成员的关系是平等、尊重、依赖、支持，团队成员在承诺科研目标后是一种学术自觉、学术自主的研究活动，科研团队的管理实际上是学术自治式的管理
建立目标体系	高校科研团队的目标管理是通过专门设计的过程，可以将高校的科研总目标分解为各科研团队的目标，将团队目标逐级分解，转化为团队小组或成员的分目标。科研目标的分解过程就是权、责、利的明确过程，且每个人的权、责、利对等。目标分解后，形成方向一致、环环相扣、相互配合、协调统一的科研目标体系。在团队内部，只有每个团队成员完成了自己的分目标，团队总体目标才有完成的希望
重视科研成果	高校科研团队目标管理以科研目标的确定为起点，以科研目标的完成为终结。科研成果作为评定科研目标完成程度的标准，既是评价科研管理工作绩效的重要标志，也是考核与评价科研团队及其成员的重要依据。实行高校科研团队目标管理，科研管理机构和团队负责人主要控制科研目标，对完成科研目标的具体过程、途径和方法不过多干预，这完全符合学术自由的原则。因此，实行高校科研团队目标管理，科研监督的成分很少，但控制目标实现的能力很强，能有效地把加强科研管理与尊重学术自由结合起来

第二，高校科研团队目标管理的构成要素。高校科研团队目标管理的构成要素包括明确目标、参与决策、规定期限和评价绩效四个方面，具体见表4-2。

表 4-2　高校科研团队目标管理的构成要素

基本要素	具体内容
明确目标	高校科研团队在组建时就有明确的科研目标，如何把团队总体目标分解为团队小组或成员目标，是明确目标的主要内容。目标明确对取得高水平的业绩有重要作用。目标明确比只要求人们尽力去做能有更高的业绩，高水平业绩往往与高水平目标相关。在高校科研团队管理过程中，明确的科研团队总目标和科研团队目标分解技能的改善，有利于提高科研生产率
参与决策	实行目标管理，确定高校科研团队目标不同于传统管理的目标设定，不是由上级单方面给下级规定目标，然后分解成子目标落实，而是用参与的、民主的方式确定团队总体目标，再分解落实到团队小组或成员。高校科研团队管理者、团队带头人与小组负责人或成员共同参与选择设定各对应层次的目标，即通过上下级共同协商，逐级制定高校科研整体目标、团队总体目标、团队小组目标以及团队成员目标，这种目标体系的形成和目标转化过程既是“自上而下”的，又是“自下而上”的，这种参与决策的方式确定的高校科研团队目标，既能加强高校科研团队管理，又尊重学术自由，有利于增强科研团队目标管理活力
规定时限	高校科研团队目标管理也强调时间性，制定的每一个目标都有明确的时间要求。在多数情况下，高校科研团队目标的制定可与科研经费的年度预算或主要项目的完成期限一致。但由于学术研究的特殊性，高校科研团队在规定时限方面也有一定灵活性。有些科研目标应该安排在短期内完成，而有些则需要安排更长时间，特别是一些重大问题研究，需要比较长的期限
评价绩效	在高校科研团队目标管理过程中，应当不断地将团队整体目标进展情况反馈给团队的每个成员，以便他们调整自己的计划。而且团队的每个成员有完成自己目标的责任，也有同团队负责人一起检查这些目标完成情况的责任。这样，每个成员对自己所在团队的贡献就变得非常明确。更为重要的是，团队带头人用目标管理方式引导团队成员对照预先设立的目标来评价科研业绩，鼓励自我评价和自我发展，鼓励团队成员加强科研工作，有利于创造一种激励的团队管理环境

第三，高校科研团队实行目标管理的优点。高校科研团队实行目标管理的优点至少有五个方面，具体见表 4-3。

表 4–3　高校科研团队实行目标管理的优点

主要优点	具体内容
形成激励	当高校科研团队的研究目标成为团队小组和每个成员自己未来时期内欲达到的一种结果，且实现的可能性相当大时，研究目标就成为团队成员们的内在激励。特别是当这种结果实现，科研团队还有相应的物质奖励或报酬时，研究目标的激励效用就更大。从研究目标成为激励因素来看，这种研究目标最好是科研团队、团队小组及每个成员自己制定的目标。同时，高校科研团队成员对学术本身的追求，使他们在达到目标时有一种成就感、集体荣誉感，从而形成一种有效的精神激励
有效管理	目标管理方式的实施可以切实地提高科研团队管理的效率。目标管理方式比计划管理方式在推进团队工作进展，保证团队最终目标完成方面更胜一筹。因为目标管理是一种结果式管理，而不仅仅是一种计划的活动式科研工作，这种管理要求团队小组及每个成员首先考虑目标的实现，尽力完成目标，因为这些目标是团队总目标的分解，故当团队小组及每个成员的目标完成时，也就是团队总目标的实现。在目标管理方式中，一旦分解目标确定，且不规定各个团队小组及成员完成各自目标的方式、手段，反而给了大家在完成目标方面一个创新空间，有效地提高了团队管理效率。而且，科研团队目标管理还与高校学术自治、学术自由的基本原则具有内在的一致性，符合学术研究的内在规律，有利于提高学术研究效率
明确任务	科研团队目标管理的另一个优点就是使团队各小组及成员都明确了团队总目标、团队小组和成员分工与合作及各自的任务。职责明确使得团队与小组带头人知道，为了完成目标必须给予成员相应的权力，而不是大权独揽，小权也不分散，从而不断增强科研团队的学术管理活力
自我管理	高校科研团队目标管理实际上也是一种学术自我管理的方式。在实施目标管理过程中，团队成员不再只是做工作，执行指示，等待指导和决策，团队成员此时已成为有明确目标的小组或个人。一方面团队成员已参与了目标的制定，并取得了组织的认可；另一方面，团队成员在努力工作实现自己的目标过程中，除目标确定外，如何实现目标则是他们自己的事，从这个意义上而言，目标管理至少可以看成高校科研团队自我管理的方式，是以人为本的科研管理方式

续表

主要优点	具体内容
控制有效	高校科研团队目标管理方式本身也是一种控制方式，即通过目标分解后的分目标实现，最终保证团队总目标实现，从而保障高校科研目标的实现，是一种结果控制方式。高校科研团队目标管理并不是把目标分解下去便没有事了，事实上科研团队带头人在目标管理过程中要定期检查，对照目标，进行评比，发现问题，及时纠正。从另一个方面来看，一个科研团队，如果有一套明确的可考核的目标体系，那么其本身就是进行监督控制的最好依据

（2）增强成员个性管理活力。高校科研团队成员在知识和能力上优势互补，是科研团队的一个重要特征。不同的团队成员，其知识和能力不同。增强高校科研团队内部管理活力，需要增强团队成员个性管理活力，即在高校科研团队目标管理过程中，以人为本，尊重成员个性，做到扬长避短、因人适用，用人所长、因才适用。

“扬长避短、因人适用”就是在高校科研团队目标管理过程中，充分考虑具有不同智力倾向的个人特性，不是简单地提倡个人去适应科研岗位，而是根据科研岗位特点，扬长避短、因人适用。在团队科研任务分工中充分考虑到团队成员的意愿和特点，尽可能使科研任务与该成员的特点、特长相一致，使其科研工作得心应手，以调动其科研积极性。对科研团队的每个成员，任用时先要了解其特长，观察其个性，根据不同特长、不同性格考虑分配不同的任务，对性格内向的成员可分配理论性研究比较强的任务，这种研究主要是查资料、进行理论思考；对性格外向的成员可分配实证性研究比较强的任务，这种研究需要外出调查、取得实际资料。另外，如果科研团队内部分成若干小组，分组时，适当考虑年龄上搭配、性格上互补，这样既可取得良好的合作效果，也有利于大学人才的成长。

“用人所长、因才适用”就是在高校科研团队目标管理过程中，根据科研团队成员的能力和特长，用人所长，不求全责备，尊重人才的个性和特长。在高校科研团队中，有德有才的人，往往也是有思想、有个性、有特长的人。对这类贤才，命令式管理方法是不能奏效的，因为人才有自己的人格与追求，不能把他们当作器具来使用，而应以礼相待，尊重他们的人格，承认他们的学术自主权。在尊重团队成员个性的前提下去宽容、去沟通，就会缓释团队压力和矛盾。宽容不是放纵，而是因人采用不同的工作方式，最终达到有效的管理目标。

增强成员个性管理活力，重点要放在以人为本上，用现代的人才观念重新认识、重新审视团队成员个性与才能的关系，正视个性差异，宽容个性差异，理解个性差异，尊重个

性差异，在此基础上尊重人才，认识人才，使用人才，确保完成科研团队目标任务。

2. 增强内部组织活力

高校科研团队也是一种组织形式，这种组织形式与高校的学科组织以及科研、人事等职能部门密切相关。团队组织既有自己独特的组织个性，也有一般组织形式的特点。改革管理体制，增强高校科研团队内部组织活力，主要包括以下两个方面。

（1）增强团队内部学科组织活力。增强团队内部学科组织活力，需要针对学科划分过细、门户观念过重导致的力量分散等问题，优化学科组织结构，活化用人机制，促进学科交叉。对不同的高校科研团队，管理方法应有所不同。高校科研团队有单学科科研团队与跨学科科研团队。对单学科科研团队，其内部管理相对而言比较单纯，但也要打破专业界限，发挥专业优势，促进跨专业合作，以提高学科整体实力，发展高水平科研团队。对跨学科科研团队，要打破学科分割，整合优势资源，促进跨学科合作。要打破传统的学科组织结构，使之与科研团队综合研究任务及科研团队对资源共享的要求相适应；要按照学术组织的基本特点，赋予跨学科科研团队在学科建设、资源共享等方面的特殊权力与职能，尽可能消除学科组织已经形成的组织障碍。鼓励组建跨学科科研团队，充分发挥跨学科科研团队的作用。

（2）增强团队内部人事组织活力。增强团队内部人事组织活力与打破学科分割紧密相连，需要突破单位所有制，整合跨学科优势资源，促进跨学科、跨单位合作，鼓励跨学科、跨单位组建科研团队。高校要打破人事分割现状，提升科研团队内部组织协调能力，根据科研团队组建情况，赋予科研团队负责人部分人事权，包括从校内外灵活选择科研团队成员，实行科研团队成员“能进能出”，使受聘的能进来，落聘的能出去，不断增强科研团队的环境适应能力和快速反应能力。

高校科研团队成员往往是一种高素质人才，在市场上的流动是一种自主程度比较高的流动，主要表现为高校科研人员相对稀缺、流动自主、流向明显和人才共享四个方面，具体如下。

第一，相对稀缺。高校科研人员虽然总体数量多，但是由于高校学科专业以及专业方向繁多，这些人员分配到每个学科专业就显得比较少，分配到每个专业方向就更少了，相对表现为稀缺性。高校科研团队成员往往是高校科研骨干，属稀缺资源，这些成员一般要经过长时间的锻炼成长，有一个不断学习与实践的过程，往往需要更多的投入才能脱颖而出，才能成为高校教学科研人员中的先锋，成为全社会人力资源中争夺最激烈的部分，导致流动性增大。

第二，流动自主。高校科研团队成员的流动，大多数是主动和自觉流动，而不是被动和盲目的流动。人力资源价值的实现和增值，往往要通过人力资源的流动来实现。人才流动总是受经济利益、社会地位和生存环境等利益机制的驱动。人才向往着更好的发展机会、更好的工作环境和更好的物质待遇，高校科研团队成员也不例外。高校科研人员依靠自身人力资本丰厚的储备，具有很大的优势和较强的竞争力，也就有较成熟的条件来追求更好的发展空间，满足自己的需求。如果遇到不公或不利于自身发展时，他们就会选择流动。高校科研团队成员在流动过程中，不但具有被选择性，更重要的是这种高流动性主要表现为具有更强的自主选择性。

第三，流动方向。流动方向即高校科研团队成员朝着哪些方向流动。一般而言，高校科研团队成员的流动方向是从低收入高校流向高收入高校、从低层次高校流向高层次高校、从地方高校流向部属高校、从西部高校流向中东部高校、从中小城市高校流向大城市高校等。当然，也不排除中小城市高校、西部地区等高校出台优惠政策，导致反向流动的情况。

第四，人才共享。高校科研团队成员流动的本质也在于人才的可共享性，一个高校科研团队成员特别是高校教师的知识、技能、能力、体力可以被多家单位共有和重复使用，而且目前许多单位在吸引人才时，也都相应建立对高校人力资源“不求所有，但求所用”的新人才观。高校人力资源的共享方式越来越多样，使用方式越来越灵活，出现了特聘教授、兼职教授和讲座教授等多种运用方式。因此，增强团队内部人事组织活力既符合高校科研团队的发展要求，也是增强团队内部人事组织活力的需要。

3. 增强内部文化活力

文化对体制具有无形的作用，重视高校科研团队文化特别是学术文化建设，促使高校科研团队形成和谐宽松、合作互助、共同学习、互相激励的文化氛围，促使团队成员形成学术交流、资源共享的习惯，不断增强高校科研团队的文化凝聚力，巩固管理体制改革成果。

（1）增强团队内部学术文化活力。高校科研团队是以学术创新为目的的团队，团队内部学术文化应当是一种学术自由文化和学术创新文化。增强团队内部学术文化活力就是要增强团队内部学术自由文化活力和学术创新文化活力。高校科研团队文化是团队在形成与发展过程中，由各种学术要素组成的复杂体系，各要素在结构上互相联结，在功能上互相依存，共同发挥着团队整合和团队导向的功能。每个团队都有与其相适应的团队文化，并表现出一定的文化活力。任何团队文化活力都是文化各个要素在相互作用中发挥的有利于

该团队发展的多种功能的有机综合，是团队文化生命力、凝聚力和创造力的统一。

高校科研团队文化生命力是高校科研团队作为一个文化有机生命体所表现出来的生命力。高校科研团队文化凝聚力是指团队内部各成员因共同学术利益和价值目标结合为一个有机整体的某种聚合力。文化凝聚力是文化作为一个“吸引力”，成为人们聚合的力量，这种力量源自人们共同的学术文化认同。高校科研团队文化创造力，是指团队产生新思想，发现和创造新事物的能力，是指通过本科研团队与其他团队文化的融会贯通，从而产生新思想，发现和创造新事物的能力。激发高校科研团队的学术文化活力，要建设科研团队核心价值体系，明确一定时期内的科研创新目标，同时又要兼容并包，允许不同思想的存在，坚持学术自由的原则；正确对待科研团队内部文化和外来文化的关系，注意吸收外部优秀文化，增强团队内部生命力、凝聚力和创造力；充分发挥科研团队每个成员在团队文化建设中的主体作用，激发每个成员的创造活力和创造热情，在完成科研团队任务的同时，不断提高团队成员创新素质，不断推进团队学术文化创新。

（2）增强团队内部合作文化活力。高校科研团队内部合作文化活力是内部文化活力的另一个重要方面。高校科研团队具有学习与创新并轨的特点，加强合作才能增强学习能力和创新能力。增强团队内部合作文化活力，一方面，要增强团队成员合作理念。高校科研团队成员加强合作是科研团队发展成为卓越团队的必要条件。对研究中遇到的问题，科研团队要组织公开讨论，进行思想碰撞与学术交流。在团队内部要打破过强的自我防卫意识，充分发挥团队集体智慧，对团队中权威成员的观点，团队其他成员要敢于提出反对建议；同时，团队中权威成员要能听得进不同的意见，鼓励年轻成员提出不同于自己的学术观点。这是增强科研团队成员凝聚力的必要条件。另一方面，尽可能减少甚至消除团队内耗。只有在增强科研团队成员合作理念的基础上，在科研团队内部加强沟通与交流，增强成员之间的信任感，才能减少甚至消除团队内耗，增强团队的学术文化活力，提高团队的科研绩效。

（二）改革激励体制，提高学术产出

当前，我国高校科研团队得到很大发展，但是，由于激励体制等原因，高校科研团队学术产出还是较低，因此，改革激励体制，不断激励高校科研团队勇于创新，是加强高校科研团队建设，提高其学术产出的必由之路。

1. 构建科研团队奖励制度

建立科研团队奖励制度，是激励高校科研团队提高学术产出的重要措施。针对我国科研奖励制度存在的不足，我们可以在一年一度的国家和地方科学技术奖励大会上定期命名表彰一批国家级科研团队和地方科研团队，对学术产出特别高、取得重大创新成果的创新团队实行重奖。

（1）政府建立科研团队奖励制度。在大科学时代，科技创新更需要团队合作，因此，中央政府可以加大对科研团队的奖励力度，改变过去对个人奖励的做法，重视对科研团队进行表彰奖励，且今后的国家奖励要以奖励科研团队为主。例如，在一年一度的国家科学技术奖励大会上，定期命名表彰一批“国家科研团队最高奖”“国家优秀科研团队奖”等，对学术产出特别高、取得重大创新成果的科研团队实行重奖。也可以对创新团队单独设立奖项，给予表彰奖励。同时，政府有关部门也可以建立科研团队奖励制度，教育部应当专门针对高校科研团队建立奖励制度，以表彰优秀的高校科研团队。

（2）地方政府建立科研团队奖励制度。与此同时，地方政府特别是省级政府可以加大对科研团队的奖励力度，重视对高校特别是地方高校科研团队进行表彰奖励，且今后的地方奖励也要以奖励科研团队为主。例如，在一年一度的各省市科学技术奖励大会上，定期命名表彰一批“省级科研团队最高奖”“省级优秀科研团队奖”等，对在本省市范围内学术产出特别高、取得重大创新成果的科研团队实行重奖。地方政府也可以对地方创新团队单独设立奖项，给予表彰奖励。同时，地方政府有关部门也可以建立科研团队奖励制度，地方教育行政部门特别是省教育厅应当专门针对高校科研团队建立奖励制度，以表彰优秀的高校科研团队。

2. 建立科研团队优惠政策

建立有利于高校科研团队提高学术产出的配套政策，包括知识产权保护政策、财政税收优惠政策、政府采购优先政策等，以充分调动高校科研团队不断提高学术产出的积极性。

（1）完善知识产权保护政策。高校科研团队的创新成果是知识产权的重要来源，政府相关部门需要健全知识产权保护体系，加大知识产权的保护力度，营造尊重和保护知识产权的法治环境。政府和高校都要加强从事知识产权保护和管理工作的力量，改革高校知识产权保护体制，切实保障高校科研团队成员的知识产权权益。国家科技计划和各类创新基金等对高校科研团队所支持的项目，在国外取得自主知识产权的相关费用应给予适当财政补贴。完善科技成果转化政策，高校应对高校科研团队的科技创新成果完成人和在科技成果转化中作出突出贡献的人员，依法给予相应报酬。政府有关部门组织可以建立专门委员会，对涉及国家利益并具有重要自主知识产权的企业并购、技术出口等活动进行监督或调

查，避免自主知识产权流失和危害国家安全。鼓励运用高校科研团队知识产权的企业除依法支付报酬外，给予科研团队一定的奖励、股权或期权等，充分调动科研团队不断提高学术产出的积极性。

（2）调整财政税收优惠政策。财政税收优惠政策对科研创新有着直接而关键的作用。具体而言，一方面，通过各种措施加大对科研团队活动的支持；另一方面，通过税收政策激励科技投入，即可以将应收的税款让渡给企业用于科技开发，调动企业科技创新的积极性，为高校科研团队创新成果提供良好的转化渠道。对加强高校科研团队建设而言，财政税收优惠政策主要涉及大幅度增加高校科研团队投入，确保财政投入的稳定增长，切实保障重大专项的顺利实施，优化财政科技投入结构，创新财政科技投入管理机制；加大对企业自主创新投入的所得税前抵扣力度，允许企业加速研究开发仪器设备折旧，完善促进高新技术企业发展的税收政策，支持企业加强自主创新能力建设，完善促进转制科研机构发展的税收政策，支持创业风险投资企业的发展，扶持科技中介服务机构等，以此促使企业购买高校科研团队的创新成果，推动高校科研团队创新成果产业化。

（3）完善人才引进灵活政策。对高校科研团队的人才引进，政府和高校要给予灵活政策，鼓励科研团队积极引进海内外优秀人才。完善吸引优秀留学人才和海外科技人才来华工作、回国服务优惠政策，结合国家自主创新战略、重大科技专项和重点创新项目等创新政策，应采取科研团队引进、核心人才带动等多种方式引进海外优秀人才。

3. 给予科研团队优先支持

为高校科研团队创造良好条件也是重要的激励措施。根据高校科研团队的依托资源不同，可以把高校科研团队分为依托基层组织的高校科研团队、依托研究平台的高校科研团队和依托研究项目的高校科研团队。给予高校科研团队优先支持，就是要对其依托资源给予优先支持。

（1）在基层组织建设方面优先支持。依托基层组织的高校科研团队是指高校科研人员依托基层组织，如教研室、研究所等高校基层学术组织组成的高校科研团队。政府和高校要把科研团队与重点学科建设有机结合起来，把科研团队的学术产出作为重点学科建设的一个重要条件。要对基层学术组织建设给予优先支持，一方面，政府在高校基层学术组织建设方面要给予政策支持；另一方面，为了支持这种高校科研团队的建设与发展，高校要加强自身基层组织建设，为高校科研团队提供良好的组织空间。同时给予教研室、研究所等高校基层学术组织一定的学术管理权、财务支配权和人事管理权，为基层学术组织创造良好的科研条件，为培育和发展高校科研团队创造基础条件。

（2）在研究平台搭建方面优先支持。依托研究平台的高校科研团队是指高校科研人员依托研究平台，如研究中心、实验室等高校学术研究平台而组成的高校科研团队。在研究平台搭建方面优先支持，一方面，政府可以把科研团队学术产出作为国家重点实验室评审、国家和省部级研究中心认定的重要条件，促使科研团队不断提高学术产出。同时，政府及有关部门要有更多的高校研究平台建设计划，为高校研究平台建设提供资金保障。另一方面，高校要改善自身的研究平台建设条件，引进优秀人才，为研究平台提供人才支撑，依托平台组建与发展优秀科研团队，保障研究平台在建设创新型国家过程中充分发挥作用。

（3）在研究项目资助方面优先支持。依托研究项目的高校科研团队是指高校科研人员依托研究项目，如基金项目、委托项目等各类项目而组成的高校科研团队。项目计划与科研课题是高校科研团队的主要依托资源。政府和高校都应当出台政策，优先支持高校科研团队承担国家和省部级重大科技攻关项目，优先给予项目计划与科研课题资助，优先推荐科研团队学术产出高的骨干人才参评国家科学技术奖、长江学者、有突出贡献的中青年专家和劳动模范等。把科研团队的学术产出作为以后科研立项、项目评估的重要条件，促使科研团队不断提高学术产出。

（三）改革人才体制，造就领军人才

创新人才特别是领军人才是最宝贵的高校科研团队建设资源。领军人才是创新人才的杰出代表，对高校科研团队建设具有至关重要的作用。一个高素质的领军人才往往能带动一项重大技术突破，一个学科的兴起，甚至是一个产业的出现。造就领军人才必须改革人才体制。人才体制包括人才引进体制、人才培训体制、人才培养体制，改革人才体制要立足当前，面向未来，把领军人才的引进、培训和培养有机结合起来。

1. 引进高校科研团队的领军人才

在我国高校领军人才缺乏的情况下，引进人才应成为一项重要的政策措施，包括从国内引进和从国外引进两个方面。

（1）从国内引进。从国内引进即从高校外的国内政府机关、科研机构与企事业单位引进高校需要的领军人才。从国内引进主要包括两种情况：一是中国科学院院士、中国工程院院士、博士生导师、国家有突出贡献的中青年专家、国家百千万人才工程一、二层次人选；二是享受国家特殊津贴人员、获得博士学位人员、正高职称的学科带头人。

引进方式主要有两种：一种是通过调动、录用、聘用的方式，引进到高校工作，成为

高校正式工作人员；另一种是通过临时聘用、借用、兼职等柔性流动方式，吸引更多优秀人才来高校科研团队奉献智慧和力量。为了保证优秀人才能够引得进、留得住、用得好，高校要制定一定的引进政策，为领军人才提供优厚的待遇和福利待遇，妥善解决引进人才落户、医疗、保险、税收、配偶安置、子女入学等方面的问题。

（2）从国外引进。从国外引进即主要从国外高校、科研机构与企事业单位引进高校需要的领军人才，包括引进外国科研人员和吸引优秀留学人员回国两个方面。在引进外国科研人员方面，可借鉴美国吸引世界科学精英和高端人才的成功经验，引进世界一流专家学者来华工作。高校需要制定相应的配套政策，解决引进人才的福利待遇问题。

需要注意的是，在吸引优秀留学人员回国方面，要继续创造条件、完善配套政策，加大吸引留学人才的力度，特别是有潜力成为领军人才的海外名校杰出人才。在今后一段时间内，我国的经济社会和科技教育发展仍将处于追赶阶段，高校急需领军人才，吸引优秀留学人员归国是解决高校当前高层次紧缺人才不足的重要途径之一。

2. 培训高校科研团队的领军人才

由于领军人才的培养需要很长的时间，在目前高校普遍缺乏领军人才的情况下，对目前的高校领军人才加强培训也可以成为一项应急措施。培训高校领军人才可以从以下两个方面着手：

（1）建立国内培训基地。在中国一流大学建立若干国家领军人才培训基地，为领军人才提供快速成长平台，聘请世界一流领军人才到基地讲学，为领军人才提供科技、人文等高级课程，提升领军人才综合素质。为了加快培训领军人才，在国家领军人才培训基地，实行特殊政策，采取特殊措施。

第一，实行特殊的学术自由政策。实行特殊的学术自由政策，需要在国内领军人才培训基地实行与其他高校不同的特殊学术自由政策，彻底打破学术壁垒，给国家领军人才培训基地充分的学术自由，这种特殊学术自由政策，会在培训基地形成自由、民主的探究氛围，营造良好的学术特区环境，有利于吸引更多在国外留学、工作和生活的优秀华人、华裔科学家回国，到培训基地创业、工作，进而为我国科研提供更加强大的领军人才支撑。

同时，随着自由民主探究氛围的不断改善，我国也可以吸引更多外国的领军人才来中国合作与交流，甚至在中国工作和生活。这样，在提升我国科研能力的同时，也必将有利于我国科研优势的不断增加与积累，进而跻身为领军人才培养的主要国家。

第二，遵循领军人才的成长规律。人才成长是有规律的，领军人才也不例外，这些规律有很多，其中领军人才的成长规律具体见表 4-4。

表 4-4　领军人才的成长规律

主要规律	具体内容
名师传承规律	一流的领军人才需要一流的名师指导。名师传承规律是指在领军人才培训过程中，经过名师指导、点化，在继承与创造过程中与同行相比，少走弯路，成长更快，达到事半功倍的效果，尽快成长为领军人才
扬长避短规律	人各有所长，也各有所短，这种差别是由人的天赋素质、后天实践和兴趣爱好造成的。领军人才不可能是方方面面的全才，领军人才大多数也是扬其长而避其短的某方面或者某领域的拔尖人才
马太效应规律	社会对已有相当声誉的科学家作出的特殊科学贡献给予的荣誉越来越多，而对那些还未出名的科学家则不肯承认他们的成绩，这种现象被称为“马太效应”。因此，应给那些具有发展前途的潜在领军人才以大力支持
期望效应规律	人们从事某项工作，采取某种行动的动力，来自个人对行为结果和工作成效的预期判断。这是现代管理激励理论的一个重要发现。更高的期望目标也是激励领军人才取得更大成就的重要动力
共生效应规律	人才的成长、涌现通常具有在某一地域、单位和群体相对集中的倾向，就是在一个较小的空间和时间内，人才不是单个出现，而是成团或成批出现
累积效应规律	人口资源、人力资源与人才资源是三个逐层收缩的金字塔，高层次人才居于塔尖，高层次人才的生成数量取决于整个人才队伍的基数
综合效应规律	人才的成功与发展离不开自身素质和社会环境两个条件。自身素质决定其创造能力之大小，社会环境决定其创造能力发挥到什么程度
合理流动规律	领军人才合理流动是领军人才尽快成长的重要途径。鼓励国家领军人才培训基地的领军人才合理流动。简言之，领军人才合理流动能激发其二次创业。人才流动，特别是领军人才的流动是国际化与全球化的必然趋势

（2）建立国外培训基地。由相关部门或国内一流大学牵头，与国际上世界一流大学合作，在世界一流大学建立中国领军人才国外培训基地。与这些基地建立领军人才学术交流制度，定期选拔领军人才到国外培训基地进行学习培训和学术交流。

3. 培养高校科研团队的领军人才

随着我国创新型国家建设进程的不断深入，我国经济社会和科技教育发展进入超越阶

段，我国在国际人才竞争中面临的形势将会越来越严峻，领军人才不能长期依赖海外来培养，要尽快树立领军人才必须立足国内培养的理念，坚持早期介入、分阶段发展、长期扶持的方针，在综合素质养成、专业能力形成、创新能力激发、领军能力完成等不同阶段为领军人才成长创造条件、营造氛围。

领军人才作为高层次创新人才，其生成数量取决于整个创新人才队伍的基数。培养领军人才必须以培养大量的创新人才为基础。而要培养大量的创新人才，必须彻底改革应试教育，全面推行创新教育。在推行创新教育、培养创新人才的基础上，制定领军人才培养政策，建立领军人才培养基地，设立领军人才培养基金。

（1）制定领军人才培养政策。把培养领军人才作为建设创新型国家的一项基本国策和战略措施，加快世界一流大学建设步伐，以创新教育为基础，制定领军人才培养政策。创新教育是培养领军人才的基础。创新教育旨在培养创新型人才的教育。培养领军人才需要建立创新教育生态系统，建立以培养创新人才为导向的高等教育政策，借鉴国外创新教育经验，以“985 工程”和“211 工程”大学为主要培养基地，完善本科生、硕士研究生、博士研究生培养制度和博士后人才培养制度，把创新政策与创新教育结合起来，建立和完善科研与研究生教育一体化制度，形成相对独立自主的领军人才培养体系。

第一，深化落实导师制，使学生在师生交往中获得成长。本科生导师制在我国高校学分制教学管理中尚处于尝试阶段，再加上大众化所带来的师生比的扩大，导师制的实施存在很多问题，有很大的提升空间。为确保导师制的成效，我国研究型大学应深化改革教师考核和评价机制，将教学研究和辅导本科生参与研究作为科研成绩的一个方面，从而调动教师参与本科教学和本科生科研的积极性；同时加强本科生导师制质量监控体系建设，以实现导师制的规范化、制度化和自觉化，使学生在这种面对面的、频繁的师生交流中获得真正的成长。目前的硕士生、博士生和博士后导师制也存在一定问题，导师学术内外事务更多，所带研究生过多，面对面交流指导过少，所以，要在培养制度中明确规定一个导师所带硕士生、博士生和博士后的最高人数，为硕士、博士和博士后创造良好的培养制度环境。

第二，完善博士后制度，进一步发挥其作用。博士后制度的主要目的之一，就是通过支持有潜力的博士学位获得者继续从事相关研究，为他们成长为领军人才创造机会。一般而言，博士后经历对造就领军人才具有重要意义。当前，我们需要尽快完善博士后制度，给予高校充分的自主权，按照自身资源和需要，设置博士后站点，招收博士后研究人员，为培养领军人才提供制度保障。建立人文社会科学领军人才培养制度，加强人文社会科学领域的高层次创新人才培养，对建设创新型国家而言，他们与自然科学的高层次创新人才同等重要。

（2）建立领军人才培养基地。在“985 工程”和“211 工程”大学建立领军人才培养基地，加强本科生、研究生和博士后人才培养，为领军人才成长提供优质平台。

一方面，国家可以明确在某些研究型大学的优势学科建立领军人才培养基地。当前，在领军人才培养上，研究型大学具有优势累积效应，优质的本科教育是其成长的重要基础。为实现我国领军人才国内培养的目标，可以在某些研究型大学的优势学科建立领军人才培养基地，遵循领军人才的成长规律，发挥自己应有的效用，提供优质的本科教育，为这些潜在科技精英打好宽厚的基础。鉴于此，高校应开展真正意义的通识教育和创新教育，培养学生的创新思维和创新能力，使其形成网状的知识结构；减轻学生每学期的课程负担，扩大选修课的比例和选择面，给学生更多的学习自由；建立本科生和研究生共选课程，让学有余力和对某一课题感兴趣的学生提前深入学习相关学科和课程。

另一方面，在领军人才培养基地实行更加宽松的学术自由小环境。我们需要营造宽松的学术自由与民主探究氛围，对提升我国研究生教育、培养领军人才的能力尤为重要。也只有这样，才能培养出越来越多具有学术自由观念的领军人才，才能促进国人思想观念的改良，从根本上促进我国政治、经济、社会等整体面貌的改善。

（3）设立领军人才培养基金。为了支持领军人才培养基地更好地培养领军人才，设立领军人才培养基金，为未来领军人才提供一流的成长空间。领军人才培养基金主要用于两个方面。

第一，重视和落实本科教育的奠基作用，加大对本科教育的投入。研究型大学本科教育是一项需要投入巨大资源的昂贵事业。领军人才在素质养成阶段具有不同于一般学生的学习特点和兴趣特点，为提供符合领军人才兴趣、能力和学习风格的优质本科教育，进行的各项改革和完善都需要投入人力、物力、财力等各种教育资源。为实现领军人才国内培养的目标，应加大对本科教育的资源投入，为领军人才研究生阶段的学习和后期的学术发展奠定厚实的基础。对具有领军人才潜力的重点大学本科生，实行领军人才培养基金补助政策，为领军人才获得更好的本科教育创造条件。

第二，加大对研究生教育和博士后研究的资助力度。建立健全多样、完善的资助体系，确保不让一个优秀研究生因为经济困难失去接受研究生教育的机会；不断改善研究生和博士后的生活待遇；采取多种形式把经济资助与能力锻炼结合起来，通过提供各类助学、助研、助教岗位，既可以改善研究生和博士后的经济状况，又能提升其能力水平，为

未来领军人才从事科学研究、开展科研交流提供充足的经费支撑。

三、增加高校科研团队建设的投入

（一）增加地方层次的科研团队经费投入

地方层次的高校科研团队也是高校科研团队的重要组成部分。由于地方高校较难申报国家层次的科研团队，因此，应鼓励地方政府加大高校科研团队经费投入力度，对地方政府的科研投入实行奖励或处罚配套政策，为建立高校科研团队生态系统奠定基础。地方政府可以主动出台政策，加大科研团队经费投入，扩大地方层次的科研团队规模，并拨出一定数量的专款组建一定数量的地方创新团队。同时，地方财政还可以拨出科研专款作为地方高校教师均等化科研资金，以便高校教师自由组成科研团队。综合运用财政、税收、金融等多种经济手段，加大对高校特别是地方高校科研团队建设的扶持力度，促进地方高校发展，为区域创新培养创新人才，为地方经济社会发展打下基础。

（二）增加高校层次的科研团队经费投入

高校层次的高校科研团队是高校投入自有资金组建的科研团队。应鼓励高校特别是地方高校自筹资金组建校级科研团队。高校应当拨出专款，组建一定数量的校级科研团队和校级创新团队，为申报省级和国家级科研团队和创新团队奠定基础。科研实力比较弱的地方性高校，也应当积极筹备资金，组建一定数量的科研团队，并拨出专项资金最少组建一个校级创新团队，以便对全校科研工作起到示范作用。各级各类高校要在科研均等化方面作出一定努力，增加一定数量的科研均等化经费，把科研竞争机制和科研均等化有机地结合起来，形成制度，建立高校科研团队金字塔生态系统。

四、完善高校科研团队建设的评估

完善评估是促进高校科研团队创新的重要手段。虽然对不同科研团队很难用统一的评估标准进行评估，但在建立长效评估机制、设计合理评估指标两个方面具有共同性。

（一）建立长效评估机制

科学研究需要尊重科学研究规律，注重长期效益，应延长评估时间，反对急功近利，因此，建立长效评估机制是建立科学合理的高校科研团队评估体系的必然要求和基本前提。

建立科学的高校科研团队评估体系必须尊重科学研究规律。高校科研团队的主要使命就是进行科学知识的生产，并且科学知识的生产也是评估科研团队绩效的基本依据。当代科学知识的生产呈现出许多新的特征，生产的过程与规律也在发展变化。对高校科研团队而言，要提高科研绩效，就必然要探索和遵循当代科学知识生产的规律和规则。当代科学知识社会学认为，科学知识是社会建构的，是研究者在一定的社会关系网相互商谈的结果。在这一网络中，同行研究者之间也结成了一种商谈关系。通过商谈后，他们往往会达成一致意见，采用某种强制性的方案与框架，排除各种背景干扰，最后写成论文发表，并以此来劝服他人相信他们说的是正确的、重要的，也是有事实依据的。论文发表是科学知识生产的主要表现形式。

在科学知识的生产过程中，研究者会通过某种方式发生联系。一种最为常见也是最为主要的联系方式是论文的引证联系。一篇科学论文常常要引用大量的文献，论文的被引频次也是文献计量学中的一个重要指标，常用来证明一篇科学论文水平的高低，而一个机构发表的科学论文的总被引次数也能够在一定程度上表明其科研实力与水平高低。研究者在撰写科学论文时，经常要通过引证，特别是对权威性文献的引证来层层布防，使论文变得坚不可摧。这样，引证已经变成了一项技术化的工作。通过引用工作，研究者寻找到一个支持者和盟友集团，并且通过相互引证，支持者与盟友集团还可能进一步的扩展，变得更加强大。研究者通过研究得出了某项成果，在经过确证并成为核心知识之前，必须通过交流与评价网络的漫长检验。对高校科研团队来说，只有掌握当代科学知识运作规则，遵循科学知识生产规律，才有可能提高科学知识生产效率，进而提高科研团队的工作绩效。因此，对高校科研团队进行评估，必须尊重科学研究规律，建立长效评估机制。

第一，确定合理评估时间。高校科研团队的创新成果，在经过确证并成为核心知识之前，必须通过交流与评价网络的漫长检验。所以，对高校科研团队进行评估也必须改变目前存在的重短期轻长期的问题，适当延长评估时间。一是改变一年考核一次的方法，可以考虑两年甚至更长时间的考核周期，特别是对一些基础性自然科学研究和一些重大科研项目，更要延长评估时间，以便高校科研团队及其成员潜心研究。

第二，把事前评审和事后评估结合起来。我们可以在高校科研团队项目实施中，把事前评审和事后评估结合起来，特别要加强对团队支持期满的绩效评估，这样既可以提高科研经费的使用效益，也有助于评价科研团队运行发展与目标完成情况，为后期的跟踪管理奠定基础。对科研效益明显、创新成绩突出的科研团队，可以采取滚动投入的方式加以稳定支持，使他们能在宽松的环境下提高持续创新的能力；对团队效果不明显甚至根本没有

进行实质性团队工作的，则进行淘汰或相应处理。

第三，把期间评估和累计评估结合起来。所谓期间评估就是阶段性评估，所谓累计评估就是到目前为止对该团队（所有成员）取得的所有成果逐年累计，进行总体评估。如此评估可以不以某一阶段成果论成败，而是看科研团队累积的长期成果，有利于科研团队潜心进行长期研究，取得重大科研成果。

（二）设计合理评估指标

设计合理的评估指标，就是依据科学的方法，综合考虑高校科研团队在科研过程中取得的所有成果，包括团队投入、团队产出、团队效益等评估指标，全面合理评估团队绩效。

1. 设计合理评估指标的方法

合理设计科研团队评估指标体系可以从三个方面考虑：一是借鉴国际经验，建立科学合理的科研团队评估指标体系，推进个体科研评估和科研团队评估规范化和法制化；二是成立国家科研评估专题研究课题组，专门对个体科研评估与科研团队评估进行研究，设计出科学合理的个体科研评估指标体系与科研团队评估指标体系；三是加强科研评估立法，借鉴国际上其他国家对科研评估的立法经验，修改科技进步法，在其中设立专门章节，或者制定专门的科研评估法，详细规范科研评估行为。

2. 正确处理全面评估与重点评估的关系

设计合理的评估指标，需要正确处理全面评估与重点评估的关系。全面评估是科学合理评估的前提，由于评估科研绩效具有复杂性、专业性等特点，过于简单的指标很难精确评估科研团队的创新成果，但指标过于复杂，评估成本又很高。因此，正确处理全面评估与重点评估的关系，就是要在尽可能简化评估指标体系的情况下，全面评估高校科研团队绩效。

（1）评价内容要全面考虑。评估高校科研团队绩效，不仅要评估科研团队的研究水平和科研成果，而且要评估高校科研管理机构甚至政府科研管理机构的科研管理水平和管理效果。

（2）指标设计要抓住重点。全面考虑评价内容就是在进行指标设计时要抓住重点内容，把团队投入、团队产出、团队效益等作为评估指标的主要内容。

（3）指标体系要综合平衡。确定高校科研团队评估指标体系时，要综合考虑各种因素，重视整体评估、质量评估、运行评估、长期评估，把个体评估与整体评估、数量评估与质量评估、产出评估与运行评估、短期评估与长期评估结合起来。此外，还要把统一评估与分类评估结合起来。

第五章 高校科研评价体系的管理

第一节 高校科研评价体系的价值取向

“价值取向是对客体的实践与认知的过程中，主体具有导向性的价值观，是主体的价值标准所取的方向，是主体自觉的、有目的对价值实践方向的选择”[①]。针对高校科研评价这一具体工作，高校科研评价的价值取向就是针对高校科研评价问题作出的价值选择，体现了科研评价主体的价值方向，是高校科研评价的理论前提。

一、高校科研评价体系的价值取向的特征

（一）理念性特征

理念是哲学意义上的观念或学说，是一般意义上的观点或观念，也就是我们对教育、教学、科研等的看法或所持有的信念。高校科研评价体系价值取向是理念形态的，是我们对高校科研评价体系的一般意义上的观点和看法及所持有的信念。价值取向支配着主体对高校科研进行评价，是评价活动的起点。高校科研评价体系价值取向具有理念性，主要表现在以下方面。

第一，精神性方面。价值取向实际上是对于某种“客观实在”所实施的认识层面的“纯化”。高校科研评价体系价值取向是在高校科研评价体系经过主体内化以后产生的观念或意念，是对高校科研评价体系认识层面的高度概括，具有精神性。

第二，主观性方面。无论哪种高校科研评价体系的价值取向，都是从实在的某一点或者某些观点出发而建构的一种思想图像，是根据研究者当时的知识状况，以及其所惯于支配的概念结构，给高校科研评价带来的一种价值判断准则以及一种价值取向的选择。基于

①徐红，陈承. 构建与实施：高校科研评价体系研究［M］. 武汉：华中师范大学出版社，2018：57.

此，高校科研评价体系的价值取向不表示其自身是唯一可能的观点或者见解，随着知识的逐步积累，原先建构的价值取向可能失效，而为了达到对实在更为深入的认识，就需要研究者改进其价值取向或者重构新的价值取向。

第三，非有形、非物质性方面。价值取向是用来理解经验实在的一种方法，是看不见摸不着的，没有具体的形态，存在于人们对于某种价值的信仰的基础之上，价值理性的行动是将某种价值追求引入高校科研评价体系当中，并形成行为的目的；而工具理性的行动则借助于科学或者客观的知识，设计出实现此目的的最为适当的、有效的手段。高校科研评价体系价值取向首先通过价值理性的行动确立某些“可欲的”价值，如自由探索、科技创新、社会效益等成为高校科研评价体系所应追求的价值目标；然后再以工具理性的方式从具体规则，即手段上予以体现和保障。在工具理性与价值理性之间，任何一种都不具有价值上的优先性，二者都是非常重要的。因为作为手段的工具理性的行动固然重要，但是它的重要性恰恰就在于它能够用来实现某个目的。

（二）导向性特征

高校科研评价体系的价值取向应该向被评价对象明确传达“应该做什么”“应该如何做”等导向性信息。价值取向不同导致高校科研评价体系的差异，正确的、应然的价值取向对高校科研评价体系具有积极的引导作用，偏颇的价值取向对高校科研评价体系具有消极的引导作用。确立科学合理的高校科研评价体系的价值取向，可以引导高校科研健康有序发展，引导被评价对象的科研目标和国家（或社会）需要相结合，突出高校在科研事业发展中的重要作用，鼓励创新，服务需求，科教结合，特色发展，从而保障高校科研评价的有效运行，有效提高高校科研质量与水平。

（三）合规律性特征

合规律性指的是高校科研评价体系的价值取向必须符合科学精神，符合社会主流。高校科研评价体系的价值取向应该符合客观规律，具体表现在高校科研评价体系的价值取向应该具有科学性、可行性。在高校科研评价中，价值取向的科学性是指评价体系的价值取向必须以科学的精神为指导，积极引导评价活动的组织与实施。其科学性要求在对高校科研这一评价对象的本质进行理解的基础上，确立科学合理的价值取向。评价体系价值取向的可行性主要是指评价体系的价值取向必须具有可实现性，是评价体系科学性的补充，要求评价体系的价值取向符合现实条件，能够引导高校科研评价活动顺利实施与操作。总而言之，评价体系价值取向的合规律性是评价有效实现主体价值选择的基础，是评价活动得以顺利实现的保证。

（四）合目的性特征

合目的性是指高校科研评价体系的价值取向应该符合社会需求，符合高等教育的理念和价值追求，需要体现正当性、有益性和适当性。在高校科研评价体系中，价值取向的正当性是指评价体系的价值取向是否满足了实践主体目的。从一般意义上而言，在人类的社会实践活动中，只有充分满足实践主体的需求，实现实践主体的目的的评价活动才是正当的、有益的。高校科研评价的目的在于更好地改善与提高高校的科研质量与水平，只有实现或者满足这一目的的评价，才能被视为正当的、有益的评价。评价价值取向的适当性，主要是指评价活动的近期目标和长远目标，以及与最终目标之间的适应与平衡，评价的根本需要与现实需要之间的协调、和谐与统一。合目的性必须考虑高校科研评价的不同主体之间评价目的的不同。

就政府而言，高校科研评价是其对高校科研质量与水平进行管理与咨询的工具，目的是全面提高高校科研质量与水平，促进高校科研可持续发展；就企业而言，高校科研评价是高校技术转移、科技服务、成果转化能力的参考依据，目的是考察高校为企业带来了多大经济效益；就高校而言，高校科研评价是为促进高校科研发展、学术创新及人才培养服务的；就高校科研人员个人而言，高校科研评价是对其自我价值实现的一种评价。总而言之，高校科研评价体系的价值取向应该是在平衡各方目的的基础上形成的，不应该顾此失彼或厚此薄彼。

二、高校科研评价体系的价值取向的构建

（一）构建高校科研评价体系价值取向的原则

1. 目的价值与工具价值统一的原则

从逻辑上而言，在高校科研评价体系中，目的价值与工具价值之间不应该存在断裂，不可能存在纯粹的工具价值，也不可能存在完全抛弃工具价值的纯粹的目的价值，作为高校科研评价体系价值取向的两极，工具价值一定要发展到目的价值，同时目的价值必定要在工具价值的基础上得以实现。然而，在目前的高校科研评价中，存在着人为割裂目的价值与工具价值之间联系的态势，重视评价的管理工具职能，忽视评价引导科学方向、促进

科学发展的作用，导致评价中工具价值极端凸显，造成高校科研评价实践出现了事实与价值分离、目的与手段倒置。因此，高校科研评价体系的应然价值取向必须在目的价值和工具价值之间取得平衡，在尊重工具价值的同时，更加重视高校科研评价的目的价值。高校科研评价的价值取向必须有效地整合目的价值与工具价值，避免价值取向上的单一性、片面性与畸形化。

2. 社会价值与个人价值统一的原则

高校科研评价体系是一个有机整体，在这样的一个整体中，各个组成部分之间是相互联系、相互作用的。高校科研评价体系价值取向必须使高校科研的社会价值和个人价值有效统一，不能仅重视个人价值而忽视社会价值，高校科研评价体系价值取向应该坚持社会价值和个人价值的有机统一，这种价值取向的有机统一，事关不同类型高等教育主体在招生、教学等方面公平竞争。因此，在高校科研评价中，必须平等地发展和高扬人的主体性，激发人的自我创造、自我完善的潜能，同时兼顾他人、集体和社会的利益。总而言之，高校科研评价体系的价值取向需要遵循社会价值和个人价值的统一原则，寻求个人价值与社会价值的最佳结合点。

3. 自身规律与社会需要统一的原则

科学的本质在于求真，其本质上是自由的。科研人员从事科学研究，源于“闲逸的好奇”，探索自己感兴趣的或者自认为有价值的课题，具有自由探索的特性，这是由科学的本质特点决定的。科学源于人们的困惑、好奇和兴趣，其动力在于人们具有解除困惑的精神需求。科学在起源上是自由的，在其后来的发展上也有着明显的自由探索的特性。遗憾的是，功利主义的价值取向用科学能否带来即时或明显的物质利益，去衡量科学研究是否有价值、是否可以开展，它对能符合其价值标准的科学研究进行肯定、鼓励和大力支持，这类科学就能获得相应的快速发展；反之，如果科学研究不能满足其价值要求，就会受到排斥，并失去相应的支持，这类科学研究就不能得到应有的发展。

科学的发展既得益于外部的功利性的激发和推动，又得益于内部科学精神的激励。科学研究应该是自由的，人们应该有自由选择科研课题的权利，这符合科学发展的规律性。但功利性的价值取向使得科研工作者不得不屈从于人们对于科学即时、现实、物质的价值追求，拘泥于科学共同体、社会和国家的既定规范，科学研究的自由性受到影响。由此可见，高校科研评价体系的价值取向需要在尊重高校科研自身规律的同时，重视社会需要，实现科研自身规律和社会需要的统一。

4. 科学研究与人才培养统一的原则

高校科研与科研院（所）等科研机构的科研不同，高校的科学研究不能完全离开人才培养这个根本。只有这样，才能使高校科研与人才培养的目标定位一致。另外，高校科研对学校专业建设具有引导作用，对专业教育具有促进作用，对教师具有培养作用；高校科研是培养学生创造力的源泉，是培养学生科研意识的动力，是培养学生思想教育的重要阵地；高校科研可以促进教学内容更新，可以提高教师的教学质量，可以提高学生的社会实践能力，可以促进科研与教学的融合。所以，我们需要充分认识高校科研育人的本质特征，高度重视高校科研育人功能，强化以人才培养为导向的高校科研评价体系的价值取向。

总而言之，科学研究在知识创新、技术创新的同时，必须重视高校人才培养，高校科学研究的过程也应该是创新人才培养提升的过程，科学研究贡献的衡量不能仅仅依靠那些以出版物的形式体现的外显知识，也必须充分重视无形的产出，包括创新人才的培养，研究人员与组织创新能力的提升。因而，高校科研评价体系的应然价值取向必须遵循科学研究与人才培养和谐统一的原则。

（二）构建高校科研评价体系的应然价值取向

当今时代，高校科研评价体系究竟应该确立怎样的价值取向，依据高校科研工作的特点，以及高校科研评价体系的构建原则和高校科研评价应有的功能，在构建高校科研评价体系时，应该坚持以下价值取向。

1. 注重原创，探求未知

科研评价是一种手段，其价值取向是一支指挥棒。高校科研评价应该优先引导高校科研工作者注重原创、探求未知。高等学校作为高深知识的殿堂，是以忠实、客观地追求高深知识或高深学问为指向，一直遵循的是以学术为中心的价值取向。在这样的价值取向下，不管市场、商品、利益如何影响，学者们都始终坚守追求纯粹的学术价值，这成为全社会思想的先导、知识的源泉，其影响社会的力量超越了物质和金钱的力量。

当前，很多国家的高校科研已经逐步改变了单纯追求学术价值的态度，倾向于以更为全面的观点综合考虑自身对于社会的责任；高校不仅重视教学和科研方面的追求，而且开始强化自身的社会服务职能，这种变化虽然值得肯定，但是由于高校追求的主要是社会长远利益和人类整体利益，与社会现实之间应该保持必要的距离，即高校的科研应该反映所处社会的时代精神、联系所在地区的实际，但同时必须坚持高校的内在逻辑，超越社会现实生活的局限性和功利性。因此，注重原创和探求未知的责任与使命不能被丢失和忘却。

国际科技竞争日趋激烈，全球经济发展进入了活跃的创新阶段，国力的竞争主要是创新能力的竞争，科技竞争已经从技术层面前移到基础研究，且竞争的焦点正日益向知识、人才和机制创新等科技创新的核心要素聚集。在国家科技创新体系中，高等学校是我国科技创新的重要组成部分和主力，理应主动积极承担科研任务，特别是承担国家重大专项。高校科研应该与科研院（所）及其他企事业机构的科研部门所开展的科研有所区别。高校应以基础研究和自由探索为主，基础研究是高校科研的传统和长项，科研院（所）等科研机构应以应用研究为主，企业则应以应用研究和开发研究为主，以此构成一个各有侧重、分工明确、相对稳定，又相互协作的科技创新体系。因此，我国可以借鉴国外先进的经验，出台相关政策，引导高校准确定位，以基础研究和自由探索为主。只有这样，才能有效端正高校教师的科研动机，助推高校科研创新，促进高校科研可持续发展。

2. 创新技术，服务社会

科研的终极目标是为经济和社会发展服务。在科学技术是第一生产力的当今时代，提高解决关系国家发展战略的重大科学问题和关键技术问题的能力，支撑经济发展方式的转变，推进产业结构战略性调整，已成为当前重大而紧迫的任务。在这种形势下，一方面，高校应积极主动发挥自身在人才、条件和基础研究方面的优势，积极开展科技攻关，履行创新技术、服务社会的职能；另一方面，社会也应通过相应的评价机制引导高校面向社会需要、创新技术、尽力服务社会。可见，创新技术、服务社会理应是构建高校科研评价体系时坚持的价值取向之一。

第二节　高校科研评价体系的具体构建

一、高校科研评价指标体系的构建

评价指标体系是评价体系的核心组成部分，要想构建高校科研评价体系，必先构建高校科研评价指标体系。评价指标是反映评价对象某方面本质属性或特征的具体化、行为化的主要因素，是对评价对象进行价值判断的依据。评价指标体系是一系列评价指标有机构成的整体，能够根据研究对象和研究目的综合反映研究对象的各方面情况，构建评价指标体系的关键在于，探寻一组具有典型代表意义且能全面反映评价对象整体属性的特征指标。

（一）高校科研评价指标体系构建的思路

评价指标体系的构建过程十分复杂，通常包括指标体系的初选和筛选两个环节。其中，初选指标体系的直接方法一般有分析法、综合法、交叉法、指标属性分组法等。综合法是对已存在的一些指标群按一定的标准进行聚类，使之体系化的一种方法，它适用于对现行评价指标体系的完善与发展。交叉法是通过两维、三维或多维的交叉，派生出一系列指标，形成指标体系。指标属性分组法是指标体系的结构化方法，由于统计指标本身具有许多不同属性，有不同的表现形式，初选评价指标体系时，指标属性也可以是不统一的，因此，初选评价指标体系时，也可以从指标属性角度构思体系中的指标组成。分析法是将综合评价指标体系的度量对象和度量目标，划分成若干个不同组成部分或侧面并逐步细分，明确评价的总目标与子目标，层层进行细分，直至每个目标都可用一个或几个明确的具体统计指标来描述、实现，最后设计出每一子层次的指标。

由于我国尚缺较为系统的高校科研评价指标体系，所以本书着重阐述运用文献法、逻辑思辨法、专家咨询法及头脑风暴法等初选指标的方法及初选高校科研评价指标体系的过程和结果。

筛选指标体系的方法主要有经验法和调查统计法。其中，经验法是指，由指标体系的设计者根据自己的学识水平和实践经验，对初选的指标体系进行筛选；调查统计法是指，通过调查获得相应的资料之后，再运用统计的方法对所获资料进行处理，进而达到筛选指标体系的目的。其具体做法是：先把初拟指标制成问卷，然后发给有关专家和有经验的教育工作者，请他们对初拟指标的每一项作出判断，最后由指标体系的设计者将低于某数值的指标删去（一般以低于三分之二或四分之三处作为标准）。由于经验法主要凭指标体系设计者自身的经验进行筛选指标，其科学性和客观性明显不足，因而，在此将主要阐述运用调查统计法筛选高校科研评价指标体系的过程及结果。

就构建高校科研评价指标体系的整体思路而言，我们的基本做法是：①广泛阅读相关文献，并在阅读文献的基础上，提炼出有关高校科研的评价指标；②运用头脑风暴法补充已有文献中尚未提及的某些有关高校科研的评价指标；③在逻辑思辨的基础上初拟一套高校科研评价指标体系；④广泛征询有关专家意见的基础上，初选出一套高校科研评价指标体系；⑤通过问卷调查与统计，筛选出一些关键特征指标，并在此基础上确定高校科研评

价指标体系。高校科研评价指标体系的构建思路如图 5-1 所示①。

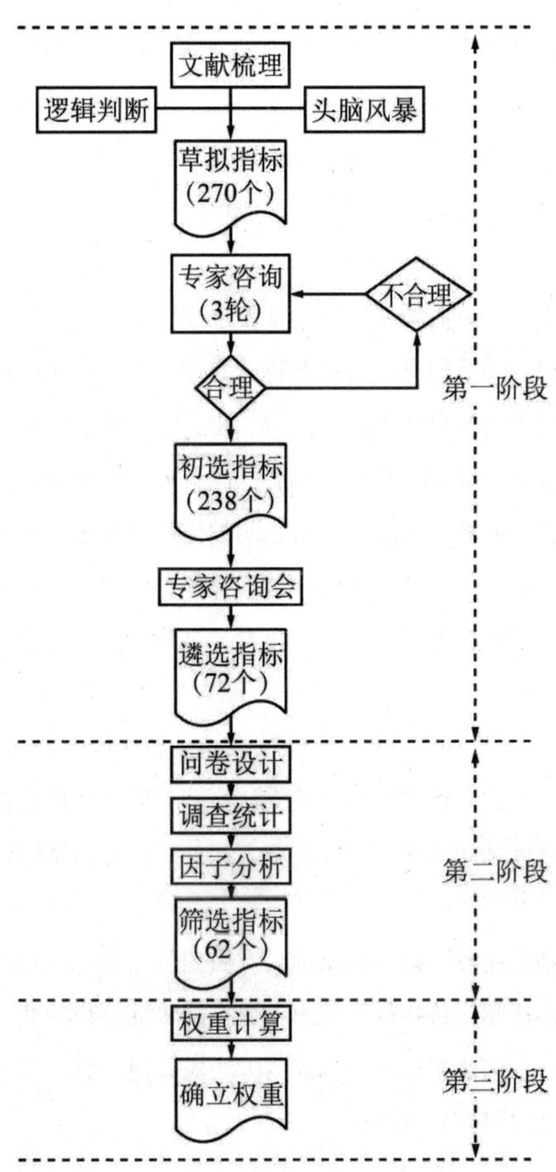

图 5-1　高校科研评价指标体系构建思路图

（二）高校科研评价指标体系构建的原则

高校科研评价指标体系的构建原则是指构建高校科研评价指标体系时所依据的准则或

①徐红，陈承. 构建与实施：高校科研评价体系研究［M］. 武汉：华中师范大学出版社，2018：126.

标准。从高校科研的本质属性出发，在构建高校科研评价指标体系时应该遵循以下原则。

第一，教学性的原则。尽管科研是高校的基本职能之一，但高校的根本职能是通过教学培养人才，因而高校开展的科研不能完全脱离培养人才这一高校的根本责任与使命，这是高校科研与科研院所科研最大的区别。对于高校来说，尽管不是在每一科研活动的每一环节都要体现科研的育人使命，但总体上应该牢记自己的根本使命是育人，在科研活动中，尽可能做到以研促教。为此，构建高校科研评价体系时，理应凸显其引导高校重视科研育人的责任与使命。

第二，导向性原则。开展高校科研评价是促进高校走内涵式发展道路的重要抓手，构建高校科研评价体系理应注重引导高校提升科研质量、致力科研创新。

第三，系统性原则。高校科研涉及人、财、物、时等诸多层面，其构成要素很多，各类要素相互作用构成了一个复杂的有机整体，为此，在高校科研评价指标体系的构建过程中应采用系统的观点，全面地考察各个要素之间的作用和影响。在指标的选择上，应围绕评价的目标，尽可能地保证信息的完整性、精确性和可信性。

第四，科学性原则。从教育评价学的视角看，高校科研评价是一种科学研究活动，其评价体系的构建理当遵循科学研究活动的规律。一方面，科学、公正、透明、有效的评价指标体系应当在分析评价目标和目的、评价对象特点和评价内容的基础上，在与决策者、评审专家和各方权益人达成一致的基础上建立。另一方面，在评价指标体系的遴选上注重科学、合理，确保各指标之间不得交叉或重叠。此外，评价体系应该符合实际并能经得起实践检验。

第五，可测性原则。高校科研评价指标只有做到可采集、可量化、可比较，才具有评价的效用，这就要求在构建评价指标体系时，尽可能将抽象化的概念指标转化为相对具体的可操作的指标。此外，评价指标体系构建的方法应方便、直观和可行，评价过程的可靠度和评价结果的可信度应得到有效的保障。

第六，借鉴性原则。尽管我国高校科研的目的与意义、条件与结果、价值与功能等与国外高校科研有着诸多不同，但从评价的视角，国际上高校科研评价体系的发展性是值得借鉴的。即在构建我国高校科研评价指标体系时，应该注重那些能够促进高校科研发展的指标。

二、高校科研评价指标权集的构建

由于高校科研评价指标体系不仅含有多级评价指标，而且每级评价指标都含有多维评

价指标，尤其是，多维评价指标还含有多项评价指标，因而必须针对每项评价指标分配权重，以之确定每个项目评价指标在高校科研中的相对重要性。

（一）高校科研评价指标权集确定的方法

从目前的情况而言，确定评价指标权重的方法主要有关键特征调查法、两两比较法、专家评判平均法和倍数比较法四种。其中，关键特征调查法就是先请被调查者根据各自的想法，从初拟指标中找出最关键、最典型的指标，再对指标进行筛选并求出其权重的方法；两两比较法是先逐级、逐维地对指标逐对比较，并加以评分，重要者记 1 分，次重要者记 0 分，然后分别计算各指标得分之和，再除以所有指标得分之总和；专家评判平均法是指将筛选后的指标体系提供给专家，分别请专家评判其权重，然后以专家评判结果的平均数作为各指标权重；倍数比较法则是指在筛选后的指标体系中，针对每一级指标，以其指标中重要性程度最小的指标为基础，记分 1，然后将同级指标中的其他指标与它比较，作出重要性程度是它多少倍的判断，再经归一化处理即可获得该级各项指标的权重，依次类推，直到获得各级指标中的各项指标的权重为止。

由于高校科研评价指标体系比较庞大，采用后三种方法确定其权集的难度相当大，所以一般选择关键特征调查法并配合统计学中的因子分析法，来确定高校科研评价指标权集。

（二）高校科研评价指标权重计算的模型

在运用因子分析法来确定评价指标权重的过程中，需要考虑以下方面的权重问题：二级指标在一级指标上的权重、三级指标在二级指标上的权重和三级指标在一级指标上的权重。首先，由于一级指标包含科研条件、科研过程和科研成果，由 11 个主因子构成二级指标，因此，只要计算出各个因子的权重，通过对同一维度因子权重的简单加法运算即可获得一级指标的权重，其计算公式（5-1）如下：

$$A_i = \sum_{1}^{j} A_{ij} \qquad (5-1)$$

其中，A_i，为一级指标权重；

A_{ij}，为 A_i 所包含的二级指标的权重，也是其对应因子的权重。

其次，接下来的问题就是如何确定二级指标权重，由于方差贡献率的概念所表达的含义是主因子对总目标贡献程度，因此，可以通过对主因子方差贡献率进行归一化处理来获得各二级指标的权重，计算公式（5-2）如下：

$$A_{ij} = a_j / \sum_{i=1}^{11} a_i \tag{5-2}$$

a_j 为对应于 A_{ij} 的因子的方差贡献率的标准化值，公式表示对各因子方差贡献率的归一化处理，获得的值即为相对应二级指标的权重。

再次，三级指标是各主因子所包含的具体题项，也需要考虑这些题项（变量）在二级指标中的权重。根据因子分析法的基本原理，因子得分系数矩阵是在因子分析过程中通过数学变换而得到的，该系数矩阵可以将主因子表示为其所包含的各个变量的线性组合。因此，根据因子得分系数矩阵，可以建立起各个主因子与其所包含的各变量的线性回归方程，而回归方程中自变量的回归系数，即因子得分系数，反映了自变量的变化对因变量的影响程度，故而，将回归系数进行归一化处理，就可以得到各自变量在其主因子上的权重值。计算公式（5-3）如下：

$$B_i = \beta_i / \sum \beta_j \tag{5-3}$$

B_i 表示各三级指标相对于其二级指标的权重值；

β_i 则表示因子得分系数的标准化值；

公式左边可理解为对各因子所对应指标的得分系数的归一化处理。

最后，三级指标在一级指标上的权重的确定，可以根据各二级指标（主因子）在一级指标上的权重，以及其所包括的三级指标（各变量）在该主因子上的权重的乘积来确定。计算公式（5-4）如下：

$$W_i = A_{ij} \times B_i \tag{5-4}$$

W_i 表示三级指标最终的权重值，即由二级指标的权重 A_{ij} 与三级指标相对于二级指标的权重 B_i 的乘积表示。

三、高校科研评价标准体系的构建

在高校科研评价实践中，评价指标体系、评价指标体系的权重集（指标权集）和评价标准体系是一个有机整体，三者缺一不可。为了将高校科研评价指标体系及其权集运用于高校科研评价实践之中，必须构建一套高校科研评价指标体系及其权集相应的评价标准体系。评价标准体系是关于某一评价对象的所有评价标准的有机整体。所谓评价标准，是指评价被评对象的某一方面实际达到指标程度的具体要求。根据被评对象达到指标程度（简称达标程度）的不同，可将达标程度分为不同等级，不同等级的达标程度对应着不同的评价标准。在评价体系中，末级指标必须明确规定评价标准。根据实际情况，我们可以将高校科研评价指标体系中各项末级指标的评价等级均定为优秀、良好、中等、较差、很差五种，并分别给优秀、良好、中等、较差及很差五种评价等级定值为1分、0.8分、0.6分、0.4分及0.2分。

（一）高校科研条件评价标准体系的构建

高校科研条件评价标准即评价高校科研条件的标准，是对高校科研条件达到某种水平及满足高校科研活动顺利实施程度的价值判断。高校科研条件在一定程度上反映了高校科研的规模与能力。当前，科研人才、科研基地、学科与学位点等是高校重要的科研条件。下面将分别构建其相应的评价标准。

1. 科研人才评价标准

科研人才是科研活动的主体，高校科研人才水平的高低决定着高校科研水平的高低。科学技术要发展，人才是关键。高校科学技术的发展、进步，科研人才是决定因素，科研人才是一所高校综合科研能力的体现，也是衡量一所高校学术水平的重要标志。科研人才的素质直接关系到科研活动的深度和广度，影响到科学技术发展的水平与效益的科研活动，这需要科研人才队伍有良好的来源，能源源不断培养、补充优秀科研人才。建立一支具有良好的科研业务能力、结构合理、相对稳定的科研人才队伍，是科研活动的基础。

高校科研人才队伍水平决定着科研活动，决定着高校的学术地位和综合实力。当前，决定高校科研质量与水平高低的高校科研人才主要有国家级人才和省级人才两类。其中，国家级人才主要包括千人计划（中组部）、万人计划（中组部、人社部、教育部、科技部）、杰出青年基金获得者、长江学者（教育部）、新世纪优秀人才支持计划（教育部）、百千万跨世纪人才国家级人选（人社部）、国家有突出贡献的中青年专家（国务院）等。省级人才主要包括省级学者（比如湖北省的楚天学者），百人计划（省委组织部），百千万跨世纪人才省级人选（人社厅），省新世纪高层次人才工程第一、二层次人选，省级有突出贡献的中青年专家（省政府），二级教授等省级人才。

对于国家级人才这一评价项目而言，国家级人才数量在全国高校国家级人才数量方面的排名位于前10%的高校，其相应的评价等级为优秀；国家级人才数量在全国高校国家级人才数量方面的排名位于前10%~30%的高校，其相应的评价等级为良好；国家级人才数量在全国高校国家级人才数量方面的排名位于前30%~70%的高校，其相应的评价等级为中等；国家级人才数量在全国高校国家级人才数量方面的排名位于前70%~90%的高校，其相应的评价等级为较差；国家级人才数量在全国高校国家级人才数量方面的排名位于后

10%的高校，其相应的评价等级为很差。

对于省级人才这一评价项目而言，省级人才数量在全国高校省级人才数量方面的排名位于前10%的高校，其相应的评价等级为优秀；省级人才数量在全国高校省级人才数量方面的排名位于前10%~30%的高校，其相应的评价等级为良好；省级人才数量在全国高校省级人才数量方面的排名位于前30%~70%的高校，其相应的评价等级为中等；省级人才数量在全国高校省级人才数量方面的排名位于前70%~90%的高校，其相应的评价等级为较差；省级人才数量在全国高校省级人才数量方面的排名位于后10%的高校，其相应的评价等级为很差。

2. 科研基地评价标准

科研基地，又称科研平台，是优质大型科学仪器及科研条件设施经梯次配置和整合优化而形成的科技基础条件，是进行高水平科学研究的重要支撑。科研平台的建设有别于单纯的、满足个别学科发展或课题组需要的仪器购置，带有明显的公共服务特征，其建设目的是支撑和带动一批相关学科的发展，是实现原始理论创新、重大技术突破的物质条件之一。按照科研平台所涉及的学科领域的范围大小，可以分为广义的科研平台和狭义的科研平台。广义的科研平台是指科研工作者在不同的学科领域内所进行科研工作的平台。不同学科领域内的科研平台相互交错，形成一个大的科研平台网络。在这个网络中，任何一个子领域中的科研平台都是一个节点，这些节点都能成为科研工作者进行科研工作，实现科研目标的特定空间。狭义的科研平台是指科研人员在特定学科领域，进行一项具体科研工作的平台。本书中所指科研平台是广义的科研平台。一般而言，决定高校科研质量与水平高低的高校科研平台主要有国家实验室、国家重点实验室、教育部重点实验室、省级重点实验室、国家级工程（研究）中心或基地、教育部工程研究中心或基地、省级工程（研究）中心或基地。

（1）国家实验室。对于国家实验室这一评价项目而言，国家实验室数量在全国高校国家实验室数量方面的排名位于前10%的高校，其相应的评价等级为优秀；国家实验室数量在全国高校国家实验室数量方面的排名位于前10%~30%的高校，其相应的评价等级为良好；国家实验室数量在全国高校国家实验室数量方面的排名位于前30%~70%的高校，其相应的评价等级为中等；国家实验室数量在全国高校国家实验室数量方面的排名位于前70%~90%的高校，其相应的评价等级为较差；国家实验室数量在全国高校国家实验室数量方面的排名位于后10%的高校，其相应的评价等级为很差。

（2）国家重点实验室。国家重点实验室数量在全国高校国家重点实验室数量方面的排

名位于前10%的高校，其相应的评价等级为优秀；国家重点实验室数量在全国高校国家重点实验室数量方面的排名位于前10%～30%的高校，其相应的评价等级为良好；国家重点实验室数量在全国高校国家重点实验室数量方面的排名位于前30%～70%的高校，其相应的评价等级为中等；国家重点实验室数量在全国高校国家重点实验室数量方面的排名位于前70%～90%的高校，其相应的评价等级为较差；国家重点实验室数量在全国高校国家重点实验室数量方面的排名位于后10%的高校，其相应的评价等级为很差。

（3）国家级工程（技术）研究中心。国家级工程（技术）研究中心或基地的数量在全国高校国家级工程（技术）研究中心或基地数量方面的排名位于前10%的高校，其相应的评价等级为优秀；国家级工程（技术）研究中心或基地的数量在全国高校国家级工程（技术）研究中心或基地数量方面的排名位于前10%～30%的高校，其相应的评价等级为良好；国家级工程（技术）研究中心或基地的数量在全国高校国家级工程（技术）研究中心或基地数量方面的排名位于前30%～70%的高校，其相应的评价等级为中等；国家级工程（技术）研究中心或基地的数量在全国高校国家级工程（技术）研究中心或基地数量方面的排名位于前70%～90%的高校，其相应的评价等级为较差；国家级工程（技术）研究中心或基地的数量在全国高校国家级工程（技术）研究中心或基地数量方面的排名位于后10%的高校，其相应的评价等级为很差。

（4）教育部重点实验室。教育部重点实验室的数量在全国高校教育部重点实验室数量方面的排名位于前10%的高校，其相应的评价等级为优秀；教育部重点实验室的数量在全国高校教育部重点实验室的数量方面的排名位于前10%～30%的高校，其相应的评价等级为良好；教育部重点实验室的数量在全国高校教育部重点实验室的数量方面的排名位于前30%～70%的高校，其相应的评价等级为中等；教育部重点实验室的数量在全国高校教育部重点实验室的数量方面的排名位于前70%～90%的高校，其相应的评价等级为较差；教育部重点实验室的数量在全国高校教育部重点实验室的数量方面的排名位于后10%的高校，其相应的评价等级为很差。

（5）教育部工程研究中心。教育部工程研究中心的数量在全国高校教育部工程研究中心的数量方面的排名位于前10%的高校，其相应的评价等级为优秀；教育部工程研究中心的数量在全国高校教育部工程研究中心的数量方面的排名位于前10%～30%的高校，其相应的评价等级为良好；教育部工程研究中心的数量在全国高校教育部工程研究中心的数量方面的排名位于前30%～70%的高校，其相应的评价等级为中等；教育部工程研究中心的数量在全国高校教育部工程研究中心的数量方面的排名位于前70%～90%的高校，其相应的评价等级为较差；教育部工程研究中心的数量在全国高校教育部工程研究中心的数量方面的排名位于后10%的高校，其相应的评价等级为很差。

（6）省级重点实验室。省级重点实验室的数量在全国高校省级重点实验室的数量方面的排名位于前10%的高校，其相应的评价等级为优秀；省级重点实验室的数量在全国高校省级重点实验室的数量方面的排名位于前10%~30%的高校，其相应的评价等级为良好；省级重点实验室的数量在全国高校省级重点实验室的数量方面的排名位于前30%~70%的高校，其相应的评价等级为中等；省级重点实验室的数量在全国高校省级重点实验室的数量方面的排名位于前70%~90%的高校，其相应的评价等级为较差；省级重点实验室的数量在全国高校省级重点实验室的数量方面的排名位于后10%的高校，其相应的评价等级为很差。

（7）省级工程（研究）中心。省级工程（研究）中心或基地的数量在全国高校省级工程（研究）中心或基地的数量方面的排名位于前10%的高校，其相应的评价等级为优秀；省级工程（研究）中心或基地的数量在全国高校省级工程（研究）中心或基地的数量方面的排名位于前10%~30%的高校，其相应的评价等级为良好；省级工程（研究）中心或基地的数量在全国高校省级工程（研究）中心或基地的数量方面的排名位于前30%~70%的高校，其相应的评价等级为中等；省级工程（研究）中心或基地的数量在全国高校省级工程（研究）中心或基地的数量方面的排名位于前70%~90%的高校，其相应的评价等级为较差；省级工程（研究）中心或基地的数量在全国高校省级工程（研究）中心或基地的数量方面的排名位于后10%的高校，其相应的评价等级为很差。

3. 学科建设评价标准

综合考察国内外有关学科概念内涵的相关研究后发现，学科是一个使用广泛而含义多重的术语，不同的人、不同的情景、不同的视角有不同的定义，每一个定义背后都隐含着特定的价值取向，引导着不同的学科建设实践。毋庸置疑的是，学科是高校的细胞组织，是高校存在的先决条件。如今，大学的各种功能活动都是在学科中展开的。一个学科能否成为重点学科，主要看该学科的科研成果是否达到国际或国内领先水平，而实现这些目标的基础性措施即是科学研究。一所学校即使开设了新学科，如果不开展科学研究，也将难以达到较高的学术水平。另外，随着社会的发展和科学技术的进步，科研成果大量涌现，新学科还在不断地产生，而产生新学科的基础就是科学研究。科学发展的趋势是分支学科、边缘学科、横断学科等层出不穷，它们不仅出现在技术科学各门学科之间，而且发展到自然科学各门学科之间、自然科学与社会科学之间。

科学问题的深入研究，一方面加深了对学科内容纵深的认识，出现了一些分支学科或边缘学科等新兴学科；另一方面，新学科的产生，学科与学科间的交叉与融合，促进了先进实验室等物质条件建设，促成了一批著名学者和科研成果的产生，这样学科建设水平在得到不断增强的同时，学校的学术声誉也不断地在提升，有利于形成浓厚的学科建设氛围，促使新兴学科建设进入良性发展轨道，因而学科建设是高校科研运行的有效保证。高校能否完成科研，学科建设是关键，其水平能够反映高校的整体科研水平，体现学校的科研思路与特色，直接关系到科研成果的质量和规格。学科是大学学术活动的平台，学科是因人类认识能力的局限和方便将作为整体的科学和知识进行区别的分类，是大学人才培养和学术研究的基本单元和组织系统。

对于高校而言，国家重点学科和国家重点培育学科是影响高校科研质量与水平最为重要的学科，理应对其相应的评价标准加以阐述。下面以高校的国家级重点学科和国家级重点培育学科的数量之多少来构建其评价标准。

（1）国家级重点学科的数量，在全国高校国家级重点学科的数量方面的排名位于前10%的高校，其相应的评价等级为优秀；国家级重点学科的数量在全国高校国家级重点学科的数量方面的排名位于前10%~30%的高校，其相应的评价等级为良好；国家级重点学科的数量在全国高校国家级重点学科的数量方面的排名位于前30%~70%的高校，其相应的评价等级为中等；国家级重点学科的数量在全国高校国家级重点学科的数量方面的排名位于前70%~90%的高校，其相应的评价等级为较差；国家级重点学科的数量在全国高校国家级重点学科的数量方面的排名位于后10%的高校，其相应的评价等级为很差。

（2）国家重点培育学科的数量在全国高校国家重点培育学科的数量方面的排名位于前10%的高校，其相应的评价等级为优秀；国家重点培育学科的数量在全国高校国家重点培育学科的数量方面的排名位于前10%~30%的高校，其相应的评价等级为良好；国家重点培育学科的数量在全国高校国家重点培育学科的数量方面的排名位于前30%~70%的高校，其相应的评价等级为中等；国家重点培育学科的数量在全国高校国家重点培育学科的数量方面的排名位于前70%~90%的高校，其相应的评价等级为较差；国家重点培育学科的数量在全国高校国家重点培育学科的数量方面的排名位于后10%的高校，其相应的评价等级为很差。

4. 学位点建设评价标准

学位点是学位授权点的简称，既是研究生培养的重要依托和主要载体，又是高校科学研究的重要依托和主要载体，是高校科研能力的一种表现形式，包括一级学科硕士点和一级学科博士点两类。学位点强调教学研究，特别是各学科自身的个性化、多样化教学研究。无论是一级学科硕士点，还是一级学科博士点，其建设的好坏都事关高校科研质量与水平的高低。下面以高校一级学科硕士点和一级学科博士点的数量之多少来构建其评价标准。

（1）一级学科博士点的数量，在全国高校一级学科博士点的数量方面的排名位于前10%的高校，其相应的评价等级为优秀；一级学科博士点的数量在全国高校一级学科博士点的数量方面的排名位于前10%~30%的高校，其相应的评价等级为良好；一级学科博士点的数量在全国高校一级学科博士点的数量方面的排名位于前30%~70%的高校，其相应的评价等级为中等；一级学科博士点的数量在全国高校一级学科博士点的数量方面的排名位于前70%~90%的高校，其相应的评价等级为较差；一级学科博士点的数量在全国高校一级学科博士点的数量方面的排名位于后10%的高校，其相应的评价等级为很差。

（2）一级学科硕士点的数量，在全国高校一级学科硕士点的数量方面的排名位于前10%的高校，其相应的评价等级为优秀；一级学科硕士点的数量在全国高校一级学科硕士点的数量方面的排名位于前10%~30%的高校，其相应的评价等级为良好；一级学科硕士点的数量在全国高校一级学科硕士点的数量方面的排名位于前30%~70%的高校，其相应的评价等级为中等；一级学科硕士点的数量在全国高校一级学科硕士点的数量方面的排名位于前70%~90%的高校，其相应的评价等级为较差；一级学科硕士点的数量在全国高校一级学科硕士点的数量方面的排名位于后10%的高校，其相应的评价等级为很差。

（二）高校科研过程评价标准体系的构建

科学研究是一个复杂而系统的过程，一个重大的科研活动如果在过程层面失去科学规范，其结果是可想而知的。评价科研过程的目的在于，通过过程审核对质量能力的评定，确保过程能够达到充分控制并具有所需的能力，从而能在各种因素作用下仍然能够产生符合要求的科研产品。高校科研过程评价是指对高校科研过程达到学理要求及预期计划程度的价值判断，高校科研过程评价标准即评价高校科研过程的标准。科研项目与科研经费及项目执行与科研管理情况，是决定高校科研过程质量与水平的重要指标。

1. 科研项目评价标准

科研项目又叫科研课题，是科研劳动的对象，项目是持续进行的科研活动。科研项目的类别很多，影响高校科研过程质量与水平的主要项目是国家级项目和省部级项目，理应为之构建相应的评价标准。其中，国家级项目包括国家级Ⅰ类项目和国家级Ⅱ类项目。国

家级Ⅰ类项目主要是指国家自科（社科）基金重点（大）项目、杰青项目、国家973计划项目、国家科技重大专项国家科技支撑计划等项目，国家级Ⅱ类项目主要是指国家自科基金重点（大）项目之外的其他国家自科基金项目、国家社科基金一般（青年）项目、国家社科基金后期资助项目、星火计划、火炬计划、软科学研究计划、国际合作专项、港澳台科技合作专项、创新人才推进计划、农业科技成果转化资金、重大科学仪器设备开发专项、国家公益性行业专项、教育部规划课题国家重大（一般）项目等。省部级项目分为省级项目和部级项目。省级项目主要是指省自然科学、社会科学主管部门下达的科研项目及省教育主管部门下达的教育教学改革项目（课题）。下面以高校的国家级项目和省部级项目的数量多少来构建其评价标准。

（1）国家级Ⅰ类项目的数量在全国高校国家级Ⅰ类项目的数量方面的排名位于前10%的高校，其相应的评价等级为优秀；国家级Ⅰ类项目的数量在全国高校国家级Ⅰ类项目的数量方面的排名位于前10%~30%的高校，其相应的评价等级为良好；国家级Ⅰ类项目的数量在全国高校国家级Ⅰ类项目的数量方面的排名位于前30%~70%的高校，其相应的评价等级为中等；国家级Ⅰ类项目的数量在全国高校国家级Ⅰ类项目的数量方面的排名位于前70%~90%的高校，其相应的评价等级为较差；国家级Ⅰ类项目的数量在全国高校国家级Ⅰ类项目的数量方面的排名位于后10%的高校，其相应的评价等级为很差。

（2）国家级Ⅱ类项目的数量，在全国高校国家级Ⅱ类项目的数量方面的排名位于前10%的高校，其相应的评价等级为优秀；国家级Ⅱ类项目的数量在全国高校国家级Ⅱ类项目的数量方面的排名位于前10%~30%的高校，其相应的评价等级为良好；国家级Ⅱ类项目的数量在全国高校国家级Ⅱ类项目的数量方面的排名位于前30%~70%的高校，其相应的评价等级为中等；国家级Ⅱ类项目的数量在全国高校国家级Ⅱ类项目的数量方面的排名位于前70%~90%的高校，其相应的评价等级为较差；国家级Ⅱ类项目的数量在全国高校国家级Ⅱ类项目的数量方面的排名位于后10%的高校，其相应的评价等级为很差。

（3）部级项目的数量，在全国高校部级项目的数量方面的排名位于前10%的高校，其相应的评价等级为优秀；部级项目的数量在全国高校部级项目的数量方面的排名位于前10%~30%的高校，其相应的评价等级为良好；部级项目的数量在全国高校部级项目的数量方面的排名位于前30%~70%的高校，其相应的评价等级为中等；部级项目的数量在全国高校部级项目的数量方面的排名位于前70%~90%的高校，其相应的评价等级为较差；部级项目的数量在全国高校部级项目的数量方面的排名位于后10%的高校，其相应的评价等级为很差。

（4）省级项目的数量，在全国高校省级项目的数量方面的排名位于前10%的高校，其相应的评价等级为优秀；省级项目的数量在全国高校省级项目的数量方面的排名位于前10%～30%的高校，其相应的评价等级为良好；省级项目的数量在全国高校省级项目的数量方面的排名位于前30%～70%的高校，其相应的评价等级为中等；省级项目的数量在全国高校省级项目的数量方面的排名位于前70%～90%的高校，其相应的评价等级为较差；省级项目的数量在全国高校省级项目的数量方面的排名位于后10%的高校，其相应的评价等级为很差。

2. 科研经费评价标准

科研经费是指用于对新产品、新技术、新材料、新工艺的论证、设计、实验、试制、使用及鉴定、定型等科学研究项目全过程完成所必需的投入资金。充足有效的科研经费是科研项目进行的基础，如果科研项目没有充足有效的科研经费作保障，科研项目则可能无法顺利完成。

显然，科研经费是促进科研活动得以有效完成的重要物质条件。目前，我国高等学校科学研究经费主要分为纵向科研经费和横向科研经费两种类型。纵向科研经费包括国家级科研立项项目（指国家科学技术部、国家自然科学基金委员会、国家社会科学规划办公室下达的项目等）经费（即国家级Ⅰ类项目及国家级Ⅱ类项目的经费，简称国家级纵向经费）、省部级科研立项项目（指省科技厅、省自然科学基金委员会、省社会科学规划办公室、国家有关部委下达的项目等）经费（即上文所指的省部级项目的经费，简称省部级纵向经费）、省部级以下政府部门资助的项目经费（简称省部级以下政府部门资助经费）等。横向科研经费则是指高校与国内外企事业单位、社会团体组织、个人等社会各界科研合作、科技咨询、科技成果转让等经费（简称横向经费）。科研经费本身所具有的先行性、周转性、复杂性和隐含性等特性间接地反映了科研过程及科研成果的质量，从某种程度上讲，科研经费的来源及其使用情况，间接地决定着科研过程及科研成果的质量，此外，科研人员能否争取到科研经费在一定程度上反映了其科研能力和科研水平。为此，科研经费亦是高校科研评价过程中必须关注的一个指标。

国家级纵向经费、省部级纵向经费及省部级以下政府部门资助经费和横向经费是影响高校科研质量与水平的重要指标。下面以高校的国家级纵向经费、省部级纵向经费及省部级以下政府部门资助经费和横向经费的数量为指标建立高校科研经费的评价标准。

（1）国家级纵向经费的数量，在全国高校国家级纵向经费的数量方面的排名位于前10%的高校，其相应的评价等级为优秀；国家级纵向经费的数量在全国高校国家级纵向经

费的数量方面的排名位于前10%～30%的高校，其相应的评价等级为良好；国家级纵向经费的数量在全国高校国家级纵向经费的数量方面的排名位于前30%～70%的高校，其相应的评价等级为中等；国家级纵向经费的数量在全国高校国家级纵向经费的数量方面的排名位于前70%～90%的高校，其相应的评价等级为较差；国家级纵向经费的数量在全国高校国家级纵向经费的数量方面的排名位于后10%的高校，其相应的评价等级为很差。

（2）省部级纵向经费的数量，在全国高校省部级纵向经费的数量方面的排名位于前10%的高校，其相应的评价等级为优秀；省部级纵向经费的数量在全国高校省部级纵向经费的数量方面的排名位于前10%～30%的高校，其相应的评价等级为良好；省部级纵向经费的数量在全国高校省部级纵向经费的数量方面的排名位于前30%～70%的高校，其相应的评价等级为中等，省部级纵向经费的数量在全国高校省部级纵向经费的数量方面的排名位于前70%～90%的高校，其相应的评价等级为较差；省部级纵向经费的数量在全国高校省部级纵向经费的数量方面的排名位于后10%的高校，其相应的评价等级为很差。

（3）省部级以下政府部门资助经费的数量，在全国高校省部级以下政府部门资助经费的数量方面的排名位于前10%的高校，其相应的评价等级为优秀；省部级以下政府部门资助经费的数量在全国高校省部级以下政府部门资助经费的数量方面的排名位于前10%～30%的高校，其相应的评价等级为良好；省部级以下政府部门资助经费的数量在全国高校省部级以下政府部门资助经费的数量方面的排名位于前30%～70%的高校，其相应的评价等级为中等；省部级以下政府部门资助经费的数量在全国高校省部级以下政府部门资助经费的数量方面的排名位丁前70%～90%的高校，其相应的评价等级为较差；省部级以下政府部门资助经费的数量在全国高校省部级以下政府部门资助经费的数量方面的排名位于后10%的高校，其相应的评价等级为很差。

（4）横向经费的数量，在全国高校横向经费的数量方面的排名位于前10%的高校，其相应的评价等级为优秀；横向经费的数量在全国高校横向经费的数量方面的排名位于前10%～30%的高校，其相应的评价等级为良好；横向经费的数量在全国高校横向经费的数量方面的排名位于前30%～70%的高校，其相应的评价等级为中等；横向经费的数量在全国高校横向经费的数量方面的排名位于前70%～90%的高校，其相应的评价等级为较差；横向经费的数量在全国高校横向经费的数量方面的排名位于后10%的高校，其相应的评价等级为很差。

3．科研项目执行水平评价标准

项目是持续进行的科研活动，项目执行水平是指科研项目被科研人员执行的进展情况。具体而言，项目执行水平指的是包括科研计划在执行过程中是否科学无误、科研发展的各个阶段的表现是否及时实现，以及在执行过程中是否产生了预期以外的科研成果等。评判高校科研项目执行水平的重要指标是高校按时结题项目数占当年应结题项目数的比例。下面以高校当年按时结题项目数占当年应结题项目数的比例为基准构建高校科研项目执行水平的评价标准。

（1）当年按时结题项目数占当年应结题项目数的比例为60%以下的高校，其相应的评价等级为很差；当年按时结题项目数占当年应结题项目数的比例为60%～70%的高校，其相应的评价等级为较差；当年按时结题项目数占当年应结题项目数的比例为70%～80%的高校，其相应的评价等级为中等；当年按时结题项目数占当年应结题项目数的比例为80%～90%的高校，其相应的评价等级为良好；当年按时结题项目数占当年应结题项目数的比例为90%及以上的高校，其相应的评价等级为优秀。

（三）高校科研成果评价标准体系的构建

科研成果是指，人们在科学研究活动中通过复杂的智力劳动所得出的具有某种被公认的学术或经济价值的知识产品，高校科研成果评价是指对高校科研成果满足社会相关方面需求程度及其促进人才培养、科技进步和社会经济发展程度的价值判断。高校科研成果评价标准即是对高校科研成果满足社会相关方面需求程度及其促进人才培养、科技进步和社会经济发展程度进行价值判断时的依据。

影响高校科研质量与水平的科研成果主要有公开发表的成果（简称公开发表成果）、公开登记的成果（简称公开登记成果）、获得奖励的成果（简称成果奖励）、获得采纳的成果（简称成果采纳），以及通过科研促进人才培养的情况（简称人才培养）等五大方面。下面以公开登记成果的评价标准为例进行分析。

公开登记成果一般是享有知识产权的科研成果。所谓知识产权，是指申请了专利的科技成果。具体而言，知识产权是指人们就其智力劳动成果所依法享有的专有权利，通常是国家赋予创造者对其智力成果在一定时期内享有的专有权或独占权。从本质上而言，它是一种无形财产权，其客体是智力成果或者知识产品，是一种无形财产或者一种没有形体的精神财富，是创造性的智力劳动所创造的劳动成果，它与房屋、汽车等有形财产一样，都受国家法律的保护，具有价值和使用价值。

知识产权包括专利权、商标权、著作权、植物新品种权、网络域名权、集成电路布图设计权等，并分为两类：一类是著作权（也称为版权、文学产权），另一类是工业产权

（也称为产业产权）。

下面分别以高校获批发明专利的项数、获批实用新型和外观设计专利的项数、植物新品种权的项数、集成电路布图设计专有权的项数、软件著作权的项数、植物等新品种权国家审定的项数、植物等新品种权省级审定的项数、国家标准的项数、行业标准的项数、地方标准的项数及新产品认证的项数为基准构建高校公开登记成果的评价标准。具体情况如下。

第一，获批发明专利的项数在全国高校获批发明专利的项数方面的排名位于前10%的高校，其相应的评价等级为优秀；获批发明专利的项数在全国高校获批发明专利的项数方面的排名位于前10%~30%的高校，其相应的评价等级为良好；获批发明专利的项数在全国高校获批发明专利的项数方面的排名位于前30%~70%的高校，其相应的评价等级为中等；获批发明专利的项数在全国高校获批发明专利的项数方面的排名位于前70%~90%的高校，其相应的评价等级为较差；获批发明专利的项数在全国高校获批发明专利的项数方面的排名位于后10%的高校，其相应的评价等级为很差。

第二，获批实用新型和外观设计专利的项数在全国高校获批实用新型和外观设计专利的项数方面的排名位于前10%的高校，其相应的评价等级为优秀；获批实用新型和外观设计专利的项数在全国高校获批实用新型和外观设计专利的项数方面的排名位于前10%~30%的高校，其相应的评价等级为良好；获批实用新型和外观设计专利的项数在全国高校获批实用新型和外观设计专利的项数方面的排名位于前30%~70%的高校，其相应的评价等级为中等；获批实用新型和外观设计专利的项数在全国高校获批实用新型和外观设计专利的项数方面的排名位于前70%~90%的高校，其相应的评价等级为较差；获批实用新型和外观设计专利的项数在全国高校获批实用新型和外观设计专利的项数方面的排名位于后10%的高校，其相应的评价等级为很差。

第三，获批集成电路布图设计专有权的项数在全国高校获批集成电路布图设计专有权的项数方面的排名位于前10%的高校，其相应的评价等级为优秀；获批集成电路布图设计专有权的项数在全国获批集成电路布图设计专有权的项数方面的排名位于前10%~30%的高校，其相应的评价等级为良好；获批集成电路布图设计专有权的项数在全国高校获批集成电路布图设计专有权的项数方面的排名位于前30%~70%的高校，其相应的评价等级为中等；获批集成电路布图设计专有权的项数在全国高校获批集成电路布图设计专有权的项数方面的排名位于前70%~90%的高校，其相应的评价等级为较差；获批集成电路布图设计专有权的项数在全国高校获批集成电路布图设计专有权的项数方面的排名位于后10%的高校，其相应的评价等级为很差。

第四，获批软件著作权的项数在全国高校获批软件著作权的项数方面的排名位于前10%的高校，其相应的评价等级为优秀；获批软件著作权的项数在全国获批软件著作权的项数方面的排名位于前10%~30%的高校，其相应的评价等级为良好；获批软件著作权的项数在全国高校获批软件著作权的项数方面的排名位于前30%~70%的高校，其相应的评价等级为中等；获批软件著作权的项数在全国高校获批软件著作权的项数方面的排名位于前70%~90%的高校，其相应的评价等级为较差；获批软件著作权的项数在全国高校获批软件著作权的项数方面的排名位于后10%的高校，其相应的评价等级为很差。

第五，获批植物新品种权的项数在全国高校获批植物新品种权的项数方面的排名位于前10%的高校，其相应的评价等级为优秀；获批植物新品种权的项数在全国高校获批植物新品种权的项数方面的排名位于前10%~30%的高校，其相应的评价等级为良好；获批植物新品种权的项数在全国高校获批植物新品种权的项数方面的排名位于前30%~70%的高校，其相应的评价等级为中等；获批植物新品种权的项数在全国高校获批植物新品种权的项数方面的排名位于前70%~90%的高校，其相应的评价等级为较差；获批植物新品种权的项数在全国高校获批植物新品种权的项数方面的排名位于后10%的高校，其相应的评价等级为很差。

第六，获批植物等新品种权国家审定的项数在全国高校获批植物等新品种权国家审定的项数方面的排名位于前10%的高校，其相应的评价等级为优秀；获批植物等新品种权国家审定的项数在全国高校获批植物等新品种权国家审定的项数方面的排名位于前10%~30%的高校，其相应的评价等级为良好；获批植物等新品种权国家审定的项数在全国高校获批植物等新品种权国家审定的项数方面的排名位于前30%~70%的高校，其相应的评价等级为中等；获批植物等新品种权国家审定的项数在全国高校获批植物等新品种权国家审定的项数方面的排名位于前70%~90%的高校，其相应的评价等级为较差；获批植物等新品种权国家审定的项数在全国高校获批植物等新品种权国家审定的项数方面的排名位于后10%的高校，其相应的评价等级为很差。

第七，获批植物等新品种权省级审定的项数在全国高校获批植物等新品种权省级审定的项数方面的排名位于前10%的高校，其相应的评价等级为优秀；获批植物等新品种权省级审定的项数在全国获批植物等新品种权省级审定的项数方面的排名位于前10%~30%的高校，其相应的评价等级为良好；获批植物等新品种权省级审定的项数在全国高校获批植物等新品种权省级审定的项数方面的排名位于前30%~70%的高校，其相应的评价等级为

中等；获批植物等新品种权省级审定的项数在全国高校获批植物等新品种权省级审定的项数方面的排名位于前70%~90%的高校，其相应的评价等级为较差；获批植物等新品种权省级审定的项数在全国高校获批植物等新品种权省级审定的项数方面的排名位于后10%的高校，其相应的评价等级为很差。

第八，获批国家标准的项数在全国高校获批国家标准的项数方面的排名位于前10%的高校，其相应的评价等级为优秀；获批国家标准的项数在全国高校获批国家标准的项数方面的排名位于前10%~30%的高校，其相应的评价等级为良好；获批国家标准的项数在全国高校获批国家标准的项数方面的排名位于前30%~70%的高校，其相应的评价等级为中等；获批国家标准的项数在全国高校获批国家标准的项数方面的排名位于前70%~90%的高校，其相应的评价等级为较差；获批国家标准的项数在全国高校获批国家标准的项数方面的排名位于后10%的高校，其相应的评价等级为很差。

第九，获批行业标准的项数在全国高校获批行业标准的项数方面的排名位于前10%的高校，其相应的评价等级为优秀；获批行业标准的项数在全国高校获批行业标准的项数方面的排名位于前10%~30%的高校，其相应的评价等级为良好；获批行业标准的项数在全国高校获批行业标准的项数方面的排名位于前30%~70%的高校，其相应的评价等级为中等；获批行业标准的项数在全国高校获批行业标准的项数方面的排名位于前70%~90%的高校，其相应的评价等级为较差；获批行业标准的项数在全国高校获批行业标准的项数方面的排名位于后10%的高校，其相应的评价等级为很差。

第十，获批地方标准的项数在全国高校获批地方标准的项数方面的排名位于前10%的高校，其相应的评价等级为优秀；获批地方标准的项数在全国高校获批地方标准的项数方面的排名位于前10%~30%的高校，其相应的评价等级为良好；获批地方标准的项数在全国高校获批地方标准的项数方面的排名位于前30%~70%的高校，其相应的评价等级为中等；获批地方标准的项数在全国高校获批地方标准的项数方面的排名位于前70%~90%的高校，其相应的评价等级为较差；获批地方标准的项数在全国高校获批地方标准的项数方面的排名位于后10%的高校，其相应的评价等级为很差。

第十一，获批新产品认证的项数在全国高校获批新产品认证的项数方面的排名位于前10%的高校，其相应的评价等级为优秀；获批新产品认证的项数在全国高校获批新产品认证的项数方面的排名位于前10%~30%的高校，其相应的评价等级为良好；获批新产品认证的项数在全国高校获批新产品认证的项数方面的排名位于前30%~70%的高校，其相应的评价等级为中等；获批新产品认证的项数在全国高校获批新产品认证的项数方面的排名位于前 70%~90%的高校，其相应的评价等级为较差；获批新产品认证的项数在全国高校获批新产品认证的项数方面的排名位于后 10%的高校，其相应的评价等级为很差。

第三节 高校科研评价体系的管理机制

高校科研评价体系的管理机制“是高校科研事业发展的指挥棒，是将科研成果转化为教学改革和人才培养资源的重要途径，亦是促进高校教师专业发展的关键环节，事关教育管理水平”①。优化高校科研评价体系的管理机制需要注意以下方面。

第一，建立激励与反馈管理机制，调动教师科研内驱力。高校科研评价机制改革的关键，是解决教师开展科研活动的内驱动力问题。教师在高校科研过程中起着承担科研活动的主体作用，其对科研评价管理的认同度直接决定了教师专业发展的内驱动力。教师普遍对科研评价的政策内容认同度较高，反而是对政策执行认同度较低，政策的合理性与稳定性、具体执行情况、教师在学术发展方面的获益、政策制度参与的程度是影响认同程度的主要因素。科研管理机制尤其要加强激励机制，通过对教师的科研过程和成果进行鼓励，加强教师的认同感，并完善与优化反馈机制，提升对教师的人文关怀，激发教师进行科研的内驱力。

第二，以提高评价质量为导向，兼顾终结性与过程性评价。《深化新时代教育评价改革总体方案》中明确提出不得将科研量化指标与绩效工资和奖励等挂钩的现实问题，实际是对过于重视终结性评价的破冰之举。一般而言，形成性评价目的和评价程序民主，对教师主动性科研创新行为会产生积极影响，终结性评价通过补偿性创新动机的间接作用，对大学教师被动性科研创新行为会产生积极影响，处理好终结性评价与过程性评价的关系，在肯定“五唯”的积极意义的同时，根据实际情况，对不同学院分级，对不同学科专业分类，增补评价内容，探索变“五唯”（唯论文、唯帽子、唯职称、唯学历、唯奖项）向“多元化”的人才培养和科研的过程性评价与终结性评价相结合的标准，是提高评价质量的关键。

第三，构建科研成果转化机制，贯穿立德树人的培养过程。创新科研成果转化教学的机制，关键是如何落实，探索有效解决科研评价目的偏离人才培养的矛盾的办法。破“五

①时君友. 高校科研评价管理机制的优化［J］. 北华大学学报（社会科学版），2022，23（1）：111.

唯”改革中，要把立德树人作为科研与评价的根本任务，正确处理好各要素的关系，建立科研成果与教育教学转化机制，加强过程性指标的设计与保障措施，积极推进科研成果转化为教育教学，如建立科研育人评价制度，重点考核科研活动中本硕学生参与情况与创新贡献、师德师风建设、建立教师心理反馈与干预机制等。

第四，完善分类科研评价制度，兼顾学科与岗位实际需求。分类科研评价制度的完善要涵盖不同学科、不同岗位教师科研评价的标准问题，提高评价质量和效率，深入贯彻以人为本的管理理念，促进教师专业发展和学科专业平衡发展，坚持评价的公平公正性原则。分级评价包括学校评价和学院评价，分类评价按科研成果、研究平台、绩效、活动、人员等不同类别评价。有学者根据科研项目的性质和类别不同，将其分为基础研究与应用基础研究类项目、技术研究和成果转化类项目、应用示范类项目三类，并设置有每类的评价重点，如应用示范类项目重点评价集成性、先进性、经济适用性、辐射带动作用及产生的经济社会效益。在有效分级评价基础上，对于评价内容，要注重“分类”评价和“贡献”引领，如关注论文的创新水平和科学价值，对于应用研究和技术创新，评价重点是对解决生产实践中关键技术问题的实际贡献等。对于不同高校，具体怎样分类，分类的标准与内容是怎样的，采取何种评价形式，需要加强基础性调研，且具体问题具体分析。

第五，利用大数据信息化手段，搭建智能科研评价云平台。文化繁荣与科学兴盛是相辅相成、互为其根的辩证统一体。大数据的强大决策力、洞察力和流程优化能力的海量、高增长率和多样化的信息资产，强烈影响着高等教育管理的变革；文化建设也已渗透到高校管理中，使用量化绩效考核的同时，重点研究如何提升人性化、弹性的管理与服务，利用大数据技术为科研评价提供动态的决策辅助分析、科研人员评价、智能科技信息推送服务等，探索智能化科研评价云平台，进而处理好科研评价的主体、客体、第三方同行评价、监督部分的反馈等关系，提高科研评价的质量。

第四节　高校科研评价体系的实施策略

一、进行高校科研评价舆论宣传

引导高校强化科研质量意识，形成自觉自愿接受科研评价的态度，彰显高校科研评价体系的重要价值。我们需要高度重视高校科研评价，并极力强化各级各类高校提升科研质量的意识，是构建成熟的高校科研评价体系的前提。在我国，高校科研作为国家教育的中坚力量和急先锋，为国家的经济和社会发展提供了卓越非凡的动力，在国家科技创新体系中的地位不断提高，是国家科技创新的主要力量，高校获得国家政府部门科技投入比例在不断提高，高校科研对经济发展和社会进步的贡献在与日俱增。目前人们已经普遍意识到通过评价手段促进科研质量提升的必要性，并在科研质量评价问题上做了诸多探索。只有政府和科技管理部门、高校科研研究者的高度重视、思想认识到位，才能加大投入，强力推进，才有可能构建科学合理的高校科研评价体系，进而提高高校科研质量与水平，为国家的科技创新作出更多的贡献。

二、设立高校科研评价专门组织

政府、高校、社会三方参与，按照“谁主管、谁负责”的原则，按照课题立项管理单位的类型不同和层级不同，分别设立相对应的高校科研管理评价的专门机构和人员。课题立项管理部门直接对科研项目质量负责，该部门对科研项目申报征集、项目评审、项目中后期检查、项目结项、项目成果公布和应用转化全程负责。这样，我国国家社会科学基金、自然科学基金、教育部等部门及下属层级部门都应成立相应的高校科研管理专门机构。按照“监督管理分离”的原则，在此专门机构基础上，国家还要成立科研评价机构监督委员会，负责对各部门和各科层高校科研评价专门机构进行监督检查和管理，实行高校科研评价机构专门化。

三、培养高校科研评价专业人员

目前缺乏专业化的高校科研评价人员，仅仅靠高校科研部门的科研管理人员是不行的，专业的事应该让专业的人去做。高校科研评价人员需要专业化发展，需要要求他们通过参加专业教育或自学，获得高校科研评价的专业知识，提升科研评价的职业素养，提高高校科研管理的水平。目前，高校科研管理的专业化、科学化和规范化都还存在一些问题。例如，高校科研管理评价人员缺乏一定创造性，高校科研评价人员多以兼职为主，缺乏明确的职业定位；高校科研评价人员的知识结构不太合理，专业背景和学科背景都存在一定的局限性。因此，建议高校科研评价人员自觉提升职业素养，相关部门组织专门的科研评价职业素养培训，制定激励机制激发科研管理人员的工作热情，进一步完善高校科研评价管理的有关制度，进一步提升高校科研管理评价人员的工作效率和管理水平。

四、完善高校科研评价相关制度

（一）顶层设计，监管有力

立足于高校科研评价体系，做好科研评价，从我国高校科研评价的现实状况看，当下行之有效的立法规范思路具体如下。

第一，从宏观层面明确高校科研评价的意义、作用、地位和原则，指导高校科研评价。

第二，出台专门的科研评价法或高校科研评价法，调整高校科研评价评论主体与客体、科研人员与科研成果等的各种关系，明确各方的权利和义务及监督机制。规定科研评价的价值取向、评价的目标、评价内容、评价方法、评价程序、评价标准、评价机构等。把各类的高校科研评价纳入法制化管理的轨道，从而保证科研评价的准确性和公正性，促进科研质量的提高。

（二）立足创新，确保发展

创新是科研的生命线，立足创新的价值取向是构建成熟的高校科研评价体系的根本。为做好高校科研创新工作，我们必须把握如下方面：①从评价目标上，我们需要明确高校科研评价工作中的主要问题，倡导质量第一，克服浮夸浮躁心理，营造科技创新的氛围，正确引导高校科研评价工作；②从评价内容上，提倡务实评价，建立立足国情并与国际接轨的评价内容，逐步完善各类评价指标体系；③从评价方法上，加强具体指导，明确职能定位，规范科研评价方法；④从程序上，坚决反对任何形式的学术不端行为，避免过繁过重和虚假的科研评价活动；⑤从评价标准上，以科学、合理、可行为原则，区别不同评价对象，区分各类评价标准，坚决反对浮夸作风，坚决反对短视行为，客观评价非主流、非共识、非名人的科研结果，营造良好的创新文化。

（三）规范评价周期，建立中长期考核制

适当缩减定量评价使用范围，延长其评价周期，降低潜在消极影响。世界上很多学术大师，一生中有影响和独特创见的论文或专著数量并不多，而对于探索性的科研活动，所产生的经济效益或社会效益也并非在短时期内所能呈现。故而，短时期很难对一项科研成果作出合理评价。目前，我国许多高校科研绩效考评都是年度进行，这种重短期效益轻长

期积累的评价方式显然与科学研究的本质相悖。

为了尊重科学研究的内在规律，鼓励教师潜心治学，科研评价应持有某种“时滞”观念，考核和检查不应过于频繁，而应以中长期为主，鼓励科研人员从事“打基础、顾大局、管长远”的工作，给其一定的空间和时间潜心学问，而不是疲于应付，避免急功近利的快餐效应。建议高校教师的科研考评周期以3~5年为宜，部分特殊专业可考虑延长至5~10年甚至更长时间。建立定量指标的质量标准对数量标准的单向替代机制。科研评价的首要任务是对科研活动的科学价值和社会价值进行判识，因此，不能简单地用数量代替质量，要始终将质量放在第一位。

（五）完善评价机制，推崇第三方评价

完善高校科研评价机制，先要实现从官本位到学术本位的转变，将科研评价权从官化框架剥离。为此，可以加强社会参与，依托社会中介组织，建立独立的社会化科研评价机构，以维护科研评价工作应有的独立性。让学术回归本真，高校科研评价还需以配套的制度做支撑。评议是国内外公认的最为合理的科研评价制度，但同行评议的功能、程序、环节还存在诸多亟待完善之处。我国高校科研评价中的同行评议一般常用单盲法，为尽可能避免各种因素的干扰，确保评价公正、合理，尤其是对参与评价的专家进行约束，在同行评议中应实行双向匿名制、利益攸关回避制及专家组定期轮换制等。另外，高校可创造条件建立网上评价系统，适时建立网上评价机制。网上评价具有许多优势，可以实现真正的匿名评审，保证评价的公正，可以促进学术交流，也能及时地反馈评价意见，成本低、效率高，还有利于排除各种干扰。

五、强化高校科研评价过程监督

强化高校科研管理，并严格其评价实施，是做好高校科研评价工作的关键。有了正确的高校科研评价取向，必须强化过程管理，严格操作过程，这是搞好科研评价的关键所在。

第一，从国家层面来看，要加强对高校科研评价的管理和监督。高校科研评价不是任何一家机构都可从事的工作。国家和科教部门要从严审批官方和民间的评价机构，建立科研评价机构准入和牌证发放制度、年检制度，对有争议的科研质量评价实行仲裁制度，避免出现大学排名过多过滥的现象。

第二，评价机构的评价要坚持科技创新的价值取向和质量第一的指导思想，秉持“公

平、公正、公开”的原则，公开评价标准、程序、项目、评委专家、评价时间，公布评价过程、计算公式、评价结果。通过现代管理技术和平台，公平、公正地评价每一项科研成果。

第三，评价人员包括参与评价的评委专家，要恪守良知，遵纪守法，按章办事，不谋私利。同时，还要从程序上加强规范，严格按程序操作。

第四，被评人员及项目成果所有人，严禁弄虚作假，伪造数据，要以平常心对待评价，要着眼于通过评价找到自己的不足和努力方向，进一步提高自己的科研质量。

六、收集高校科研评价有效数据

全方位、立体化收集相关科研数据，不能局限于科研队伍、论文与著作数量或科研项目与经费、科研基地与重点学科等某些方面的数据。高校科研评价离不开数据，建立系统、全面、权威的数据库，提高真实性是搞好科研评价的基础性工作，为此需要注意以下方面。

第一，建立国家层面的权威数据库。建议教育部设立高校科研数据库，收集和整理全国高校所有的科研队伍和人员、科研项目、科研条件、科研进展、科研成果、科技转化等方面的数据，特别是收集和认可科技成果方面的论文、专著、专利、获奖等方面的数据。

第二，建立面向全国的高校科研评价管理网站。网站公布各项科研数据，设立项目成果库，项目评审系统、项目推广应用管理系统等内容，为高校科研评价管理提供了有效平台，对把控高校科研项目质量起到很好的作用。

第三，规范高校科研网站管理，要求高校发布真实信息，公布可靠数据。加强对民间机构发布数据的校正、厘清。一些民间机构出于趋利考虑和自身责任的异化，可能会出现所发布的数据不真实、不系统、不严谨的数据现象。这样就需要有关部门及时予以干预，帮助这些民间机构端正态度，指导他们校正数据，厘清真伪。

第四，充分利用国外、国内知名数据库，为高校科研评价提供参考依据。

第五，加强个性化数据平台建设，提高定量评价指标的基础数据质量。因此，建立并逐步完善适合个性化评价需要的内部共享科研产出数据平台，成为提高定量指标科学性的重要基础工作。

第六章 高校与科研院所的合作实践

第一节 高校和科研院所内部控制体系的合作构建

“内部控制是高校和科研院所的一项重要管理活动，是推进高校和科研院所改革发展的重要环节，也是高校和科研院所单位治理结构的基础。”① 下面围绕高校和科研院所内部控制体系的合作构建进行分析。

一、完善高校与科研院所法人考核体系

就内部控制的组织内部而言，一个得到有效控制的组织的实质是其理层的态度，如果管理层相信控制重要，则组织中的其他人也将意识到这一责任，并以有意识的遵守已经建立的控制作为回应，如果组织的其他人员相信控制并不是管理层们关注的重点，则组织的控制目标将不可能得到有效实现。内部控制的效果与管理者能力联系紧密，一般而言，建立内部控制体系最关键的因素是单位管理者。

高校和科研院所法人对内部控制体系建设、体系的运行和监督管理方面应当发挥领导作用，承担总责任。主要是建立工作机制，确保工作机制的有效运行，要明确内部控制工作的责任部门。作为推进内部控制工作的牵头部门，同时要督促相关部门积极配合牵头部门的工作，发挥单位负责人统一领导和统一指挥内部控制工作的作用。同时，高校和科研院所法人应当对单位层面和业务层面主要业务的内部控制的最终建立和最终有效运行负责。如果内部控制最终未能有效运行，则前期的内控评价、风险评估、流程梳理、制度建立等将毫无意义。

由于目前高校和科研院所对法人的考核内容多集中于科研进展与成果、招生与就业、人才引进与基础设施建设等，忽视了内部控制建设对高校和科研院所管理及体制机制改革

---

①柯秋胜. 关于构建高校和科研院所内部控制体系的思考［J］. 行政事业资产与财务，2019（3）：46.

的重要作用。鉴于高校和科研院所法人对内部控制开展的重要意义，有必要将内部控制建设纳入高校和科研院所法人考核的标准体系，将内部控制建设的水平与高校和科研院所的法人年薪直接挂钩。我们可以建立内部控制建设水平评价（评分）体系（系统），量化评价高校和科研院所的内部控制建设情况。可以结合每年度编制的内部控制报告，由高校和科研院所自行评分，再由社会中介结构和上级单位共同审核，确定高校和科研院所的内部控制建设水平，之后确认的内部控制评价得分与高校和科研院所的法人年薪直接挂钩，例如，最终的经允许发放的法人年薪为原核定年薪×内部控制评价得分/100。

将内部控制建设纳入高校和科研院所法人考核的标准体系，与其切身利益息息相关，必定可以引起广大高校和科研院所法人对内部控制建设的足够重视。

二、优化提升内部控制的风险评估机制和载体设计

为全面、客观、公正地评估高校和科研院所面临的经济活动风险，有效应对内部控制缺陷，真实地反映高校和科研院所的内部控制基础水平，高校和科研院所应聘请专业的第三方社会中介机构参与风险评估工作。由第三方社会中介机构完成风险评估，一是因其专业，可较为全面发现高校和科研院所内部控制基础的薄弱环节和隐患；二是因其客观，可减少内部人员因素干扰，公正地反映单位和业务层面的各种经济活动风险，特别是可能产生重大风险涉及内部权力集中的业务和岗位风险。对于内部审计部门或纪检监察部门缺少专业财会人才的高校和科研院所，其进行的内部控制评价和内部控制监督也应聘请专业的第三方社会中介机构参与。

高校和科研院所应建立常态化的风险评估机制，将单位经济活动风险评估和内部控制评价作为内部控制的周期例行性工作开展，采用多样化的风险识别与分析方法，强化对风险评估结果的应用，以促进内部控制体系的优化和完善。

此外，为强化内部控制，使内部控制流程高效运转，高校和科研院所的上级主管部门可统一部署内控信息系统，融合单位层面和各业务部门层面的风险点以及各自的信息化管理系统：一是打通单位内各部门的数据关卡，使得各项数据互联互通，整合减少人工、线下管理等操作，促进管理效率提升；二是有利于上级主管部门准确获得各二级单位的内控数据，方便监督检查；三是发挥群团优势和集体力量，可降低各高校和科研院所自行研究部署内控信息系统的庞大成本。当然，由于单位之间业务差异，统一部署的内控信息系统应预留个性化空间。

三、优化内部控制的体系建设

高校和科研院所应大力宣传内部控制政策文件，提高全体人员特别是广大教学科研职工的风险防范意识，组织开展内控工作业务培训，不断提升相关人员的水平，建设领导重视、人人参与、全面覆盖的内部控制环境。高校和科研院所应加强廉政与创新文化建设，营造遵章守法、廉洁自律、包容互赏的良好文化氛围。

高校和科研院所应加强自身科研诚信制度建设，建立科研信用体系。当前，我们需要加强教师和科研人员诚信建设；探索建立教育机构及其从业人员、教师和学生、科研机构和科技社团及科研人员的信用评级制度。高校和科研院所应充分利用内部控制信息系统登记失信、违规行为记录，并且不避讳地利用各种平台加大违法违规信息公开和披露力度。

我国行政事业单位内部控制研究起步较晚，在控制环境、风险评估、控制活动等方面仍需进一步完善。新形势下，高校和科研院所全面推进内部控制建设任重而道远。

第二节　高校与科研院所合作培养学生的思政教育

当前，我国提倡高校与科研院所之间开展联合培养学生教育工作，“既能实现培养模式的互补，又能实现资源共享，为社会培养理论功底扎实、实践能力强劲的优秀人才”①。

一、发挥导师与学工队伍的作用

第一，划清“双导师制”职责边界。导师是研究生培养第一责任人，对于联合培养研究生的双导师，专业培养的职责分工比较明确，同样，思政教育的职责边界应明晰。可以培养区间为边界，研究阶段处于哪个单位，应该由相应单位的导师担任主要责任人，另一方为共同责任人，共同担负研究生的专业学术培养及思想政治教育工作，做到“育学”与“育人”相结合，落实立德树人的根本任务。

第二，细化双方辅导员工作任务。联培单位各自配备辅导员，并建立起沟通联络机制，还应细化双方辅导员承担的工作任务。根据联合培养研究生的群体特点和教育规律，研究生辅导员可由具备相关专业知识背景的教师担任，双方辅导员能够实现专业互通、性

---

①王海燕，申韩冰，张维. 高校与科研院所联合培养研究生的思想政治教育探讨［J］. 文教资料，2021（10）：76.

格互补，更能将思想政治教育工作做到位、做到边。同时可根据分段培养特点，将思想政治工作合理分工。

第三，强化导师和辅导员共同作用。导师是研究生培养的第一责任人，辅导员是专业开展学生思政教育的工作人员。导师主要通过教育教学和学术指导开展育人工作，以自身的学术能力、人格魅力引领学生成人、成才，辅导员主要通过政治学习、组织活动、生活关怀、心理辅导等方式开展思政教育工作。两者的工作对象相同，工作任务有重叠，应建立起资源共享、信息互通的机制，做到优势互补、合力育人。

二、建立行之有效的工作机制

高校与科研院所联合培养研究生思想政治教育中容易出现职能交叉、盲区多发的现象，唯有跟学术培养一样，建立起行之有效的工作机制，才能从制度上保障单位之间的沟通协调和相互制约，确保做到全程育人。

第一，畅通双方研究生思想政治教育工作的沟通渠道和沟通机制，以例会、定期通报等方式开展专题交流。从党团关系而言，可单独成立党支部，采用纵横交叉的设置方式，师生共同参与，支部书记由经验丰富的学术带头人担任，党建与学术齐抓共管，协调发展。

第二，在沟通机制的基础上，制定与之配套的各种工作机制，如奖助学金、双导师选拔、心理干预和辅导、就业创业指导，由双方单位的导师、管理人员共同参与制定，提高联合培养研究生思想政治教育工作的重视程度和整体效益，以学生为本，提升他们对思想政治教育的认同感和接纳度。

三、改革创新教育形式与方法

第一，将“课程思政”融入研究生课程体系。做好高校思想政治工作，要用好课堂教学这个主渠道，思想政治理论课要坚持在改进中加强，其他各门课程都要守好一段渠、种好责任田，使各类课程与思想政治理论课同向同行，形成协同效应。联合培养研究生具有双导师制的优势，高校专业课导师不能简单将“课程思政”穿插到专业课程中讲解，而要掌握足够的思政知识，将专业知识与思政教育融会贯通，利用学生完整投入的时间空挡，灵活开展思想政治教育工作。科研院所的导师要发挥研究生导师在“课程思政”教学实践中的主导作用，增强导师“课程思政”理念意识，增强育人本领。

第二，发挥新媒体优势。研究生群体知识水平和思维成熟度较高，对于网络等媒体运用能力相对较强，应充分发挥新媒体优势，利用微信、微博等网络学习和社交平台，有效提升信息交流与沟通效率，改善传统教育传统被动模式，在虚拟模式中实现一对一、一对多、多对多的信息交流方式，迅速拉近人与人之间的距离，使思想政治教育变得更加人性化、生活化，增强教育效果，对于分段联合培养的研究生更加实用。

第三，丰富教育形式和内容。研究生群体学业压力大，科技创新特点鲜明，思想政治教育活动应充分考虑这个因素，做到理论与实践结合、思想政治教育和学术培养结合、党团活动与学术活动结合，提高研究生群体参与活动的主动性、积极性。可根据联合培养研究生分段培养的特点，增加低年级与高年级之间的互动，以学术促思政，以思政带学术，不断丰富育人载体，提高联合培养研究生的思想境界，开展形式多样、效果良好的思想政治教育活动。

第三节　高校与科研院所科教融合协同育人的研究

一、高校与科研院所科教融合协同育人的要素

“校所共建的科教融合学院，是高等学校与科研院所异质性组织间更有深度、更为全面的协同合作育人体系的载体，需要合作方就共建资源、交互共享的资源进行协同，打破异质组织间资源多维属性和认识的局限性，整合形成新的协同育人合力。”① 科教融合并不是一个静态和线性的过程，必须用动态的视角看待这种融合创新模式。高等院校和科研院所在保持自身发展张力的同时不断自我优化，推动组织内部的自我发展，加强科研资源和创新力量与育人资源的动态重组和更新迭代，提高科技创新和人才培养的效益，最终实现高校和科研院所双方在人才培养质量、内部创新性人才成长机制、整体科研能力，以及服务重大战略需求等方面的共同提升，最终建立共建共治共享的科教融合协同育人平台，推进教育治理体系和治理能力的现代化。

（一）育人协同是科教融合的核心

科教融合的目的是要更好更高效地培养人才，育人是科教融合的核心目标。高等学校

①许光文，李漫红，于三三，等. 高校与科研院所科教融合协同育人探索［J］. 中国高等教育，2022（1）：41

有着丰富的办学经验、良好的育人环境、齐全的学科门类的特点；科研院所有着学科特色鲜明、科研领域精深的优势；校所共建科教融合学院就是以高等学校某一优势学科专业与科研院所基于前沿知识相结合，构建育人和知识创新的共同体。校所共建科教融合学院将学生招生统一纳入合作高校整体招生中，学生学籍由合作高校统一管理，学生毕业和学位授予由合作高校负责实施，由双方人员组成的科教融合学院学位分委员会共同审议。高校内部可以突破学科之间、专业之间、第一课堂和第二课堂之间的边界，形成高校内部的人才培养体系分享机制；形成校所强强联合、优势互补，不仅能提高高等学校的人才培养和科研能力，也可增强科研院所的研发集中度和人才供给水平，并进一步提高源头创新水平，实现人才培养和知识创新生产。

（二）资源协同是科教融合的基础

要突破传统联合培养模式和科技英才班的“点式”合作模式，将高等学校和科研院所的资源进行有效的共建共治共享，形成交互协同合作，建立科教融合协同育人的资源基础。科研院所的导师同时也是合作高校的导师，科研院所的科研平台也是合作高校的科研创新平台，通过人才培养、合作研发、教师互聘、学术成果共享、学术交流等方式，以科教融合学院为载体，促成优质科研资源向教学育人资源的转化、各类资源在校所之间的有效使用与共享集成。高校能够面向社会建立集“开放、多样、灵活、高效”为一体的协同创新机制，贯通科教协同主体与其他主体间的合作机制，发挥科教融合学院在高等院校与科研院所之间的桥梁作用和协调功能，实现高等学校与科研院所的深度融合，走科教融合协同创新机制培养人才之路。

（三）组织协同是科教融合的保证

校所共建科教融合学院存在法人与法人之间的合作，这明显异于传统科教结合模式，更加强调合作的组织化，即合作是机构与机构之间、部门与部门之间的合作。双方共建科教融合学院，包括共同建设学科、共同制定人才培养方案和课程体系等。共同治理科教融合学院促进发展，包括共同管理学生、共同负责学院日常运行事务和工作等，共享科教融合学院发展的成果。同时，这种共建共享是一种协同治理过程，是各种行为主体都认可的行动规则的制定和运行过程，影响着组织协同的平衡治理结构的形成，校院所各方对合作关系的重视、高层管理对合作模式的支持、人力资源的分配、信息交换、冲突解决程序等，因此组织协同是保证，最终会影响科教融合的成效。

二、高校与科研院所科教融合协同育人的建议

深化科教融合协同育人的思考与建议科教融合协同育人是一项系统工程，牵动多方主体，涉及多个方面。此处立足地方高校人才培养定位，回归科教融合协同育人本质，对地方高校实施科教融合提出以下建议：

（一）加强学科交叉，激发合作动力，打造资源协同

建立健全学科交叉、科教融合、教研共融的科研教学体系，完善交叉学科学生管理制度，加快科教融合中学科交叉共享课程建设，推进课程内容的更新，建设综合性、问题导向、学科交叉的新型课程群，将学科研究新进展、技术发展新经验、社会需求新变化等内容及时纳入教材，形成基础知识与前沿知识的有效衔接。

应鼓励学校与科研院所协同设立跨学科教学科研岗位，健全交叉学科教学科研人员的有效流动机制，完善校内教师兼职兼聘制度。支持教师开展跨学科、跨领域的高水平教学科研工作，完善交叉研究成果认定制度，提高教师从事前沿和重大应用问题交叉研究的积极性，强化跨学科合作的激励措施。充分挖掘和释放科研院所和高等学校科研人员的潜能，双方互派优秀人才担任专兼职导师、开展合作研究，形成科学研究和人才培养的内在协同。加强高端人才引进培养，通过“内培外引”打造一支具有较高创新能力的师资队伍。联合组织年度科教融合研讨会、联办高水平学术会议及科技论坛等活动，推动融合双方的科技创新合作，建设学科和谐发展生态，尤其借助科研院所的优势创新资源和能力，提升院校师资的创新意识和水平。

（二）创新合作机制，完善组织结构，实现组织协同

高等学校与科研院所都有着各自的独特结构和内部组织，在相互合作过程中，高校、院所内部组织之间的结合方式是多种多样的，各自机构有时体现出排斥，有时会体现出协作。协同治理就是要实现异质组织间的协作，进而发挥组织系统的最大效能。

在校院所共建科教融合学院过程中，通过拓展国家创新平台资源和政府资源，加强与国内外高校和科研院所合作，推动创新链、人才培养链、产业链的深度融合。高等院校与科研机构、行业企业、政府共建专业建设指导委员会，设计建立以学生为中心的个性化培养方案、管理模式和运行机制。通过实施国家、地方各类研发项目的合作申报，结合双方优势，承担研发任务，也形成了多方联合人才培养和科学研究的载体和基地。建立联席会

议制度，合作院所领导、校内主管领导及相关部门负责人作为联席会成员，定期召开会议，推动各方的特色互补研究与教育平台、基地、研究设施及设备仪器等资源的共享。设立独立的校院所联络机构，便于彼此主动寻求合作机会，创造合作条件，协调科研发展、高端人才引育、人才培养等方面的具体工作。推动高等学校和科研院所共建创新研究平台（包括联合实验室），推进国家及地方重点实验室、工程研究中心等创新平台的联合申报，成为学校培育交叉学科和新兴技术的孵化器。

（三）优化培养模式，强化知识体系，建立教学协同

高等学校与科研院所拥有不同的教学与科研资源，具有不同绩效目标，导致校院所之间协同目标的多元性，不同主体实现目标的手段具有多样性。

校院所共建科教融合学院的人才培养目标是培养创新型和复合型人才，全面参与、有效合作、协同创新是实现目标的重要手段。高等学校应借助科研院所优势探索推进本科生早进课题、早进团队、早进实验室的“三早”育人模式。根据学生发展意愿为每位学生配备指导教师，早参与导师课题组研讨、协助课题组开展基础性的科研工作等，通过科研育人，强化立德树人，形成个性化指导，促进学生自主学习、深度学习，引领学生发展。全面推动课堂革命，改革传统的教育教学形态，广泛开展探究式、参与式的教学，把单向的教学变为碰撞思想、启迪智慧的互动空间。一方面，教师参与到招生、培养、就业等人才培养全过程，支持学生德智体美劳全面发展；另一方面，借助科研院所的科研优势，引导广大教师将最新研究成果有效地凝练为教学内容、推进研究性教学模式改革，全方位培养创新创业意识。

（四）遵循综合优化，注重动态调整，实施育人协同

在科教融合体系中建立和推进人才培养方式改革，加强体系整体的创新能力，提升人才培养质量，必然要求将科教融合体系和时代大环境看成一个统一的整体。在改革探索实践中，要时刻联系整体大环境来构建科教融合体系，注重教育行政部门、院校、科研院所、企业、导师、学生等各部分的相互作用。特别是在优化动态体系的过程中，应坚持全局视角推动体系的有序化、内生化演进。体系的各组成要素和子系统，均有自己的运行机制和功能，但科教融合体系并非诸要素和子系统功能的简单、低层次的叠加，而是具备整体的特殊功能，且体系的特殊功能又与各要素和子系统的相互作用密切相关。在构建以科教融合学院为主要形式的实施科教合作育人的过程中，要以整体性的原则作为制度设计的

基本出发点，坚持科学的观点和实践的观点，注重体系的层次结构，将动态化发展的原则作为制度建设的核心内容，实现体系的整体优化和综合优化。

在科教融合学院的建设运行过程中，要兼顾各组成要素之间的动态联系和作用规律，促进要素的自身发展。在科教融合学院建设发展过程中，要注重科学的实践方法，针对不同学科的不同特点，同时兼顾各类科研院所企业的差异性，强调科教融合体系要素之间的动态结构和相互作用关系，注重归纳总结，在探索中坚持“实践、认识、再实践、再认识”的科学方法。

第四节　高校与科研院所开展科教融合协同的策略

一、高校与科研院所开展科教融合协同的思路

“科教融合协同创新的意义是充分发挥科研机构和教育机构双方的优势，通过科研与教育深度融合，借助协同创新的手段，提升应用型人才的培养质量和水平，提高应用型成果的推广和示范效率，推动我国产业技术的创新和应用，加快产业高质量发展。”① 因此，科教融合协同创新的思路具体如下。

第一，坚持需求导向和问题导向，科教融合必须坚持需求导向，从国家急迫需要和长远需求出发，着眼于经济社会发展中的问题，为社会培养应用型人才。以问题为导向，针对产业发展中存在的问题，创新人才培养的方式和手段，通过科教融合协同创新，为社会提供新技术、新方案，培养应用型的复合型人才。

第二，充分发挥科研和教育的优势，优化科教资源配置。高校在学生资源等方面具有科研机构无可比拟的优势，科研机构在应用技术开发方面具有教育机构难以相比的优势。因此，务必要创新体制机制，整合双方优势资源，以培养应用型技术人才为目标，加快整合发展和协同创新。

第三，改革科教融合的机制，激发科技创新活力。打破高校培养学生渠道封闭的不足，改革科教融合机制，调剂学生资源用于开放式培养，充分利用科研机构对学生资源的需求，大力培养应用型人才。应用型人才的培养不仅提升了学生的技术应用水平，还有利

---

①刘飞，杨辉，李丹，等. 地方高校与科研院所开展科教融合协同创新的策略［J］. 企业科技与发展，2021（9）：29.

于科研机构新技术和新工艺的推广和示范。

二、高校与科研院所开展科教融合协同的策略

科教融合协同创新就是要释放高校和院所的活力，因此有需求就有市场，有合作前景就要提供通道。

（一）成立高校院所科教融合的专门协调机构

科教整合工作条块分割，涉及的管理部门多，触动多方的利益。要推进科教融合需要协调多方利益，处理多方矛盾，厘清多方需求，因此，将科教融合工作作为地方政府主要负责的工作，成立科教工作领导小组，将教育厅、科技厅、发展改革委、科学院、农科院等机构纳入成员单位，定期召开会议，针对科教融合存在的问题，出台相关文件，推动科教融合的发展。科教整合工作要实施以指挥长工作责任制方式，实施“一个项目、一位领导、一套班子”，由省级领导担任指挥长，统筹推进，工作领导小组重心下移，力量下沉，定期召开专题会议，及时协调解决突出问题，全面推动科教融合协同创新的发展。

（二）加强对高校院所科教融合专项资金的支持

地方政府可从增长的预算口中，切出一定金额的专项资金，专门用于科教融合，并建立相应的管理办法和细则，引导地方高校和院所主动参与科教融合。此外，在科技管理部门所管理的资金中，增设科教融合专项，引导地方高校和院所开展协同创新合作。或者可参考“产学研”合作项目倾斜的做法，在项目申请、专项资金支持等方面，设置科教融合条件，支持高校和科研院所共建优势学科，推动科教融合的发展。

（三）出台导师兼职兼薪的政策和措施

科教融合离不开人才的交流与合作，离不开高校导师与院所研究人员的互动。科教融合必须建立地方高校导师与地方科研院所研究人员交流与合作的机制，制定有助于激励双方交流与合作的政策和措施，出台导师兼职相关政策，让参与科教融合工作的相关人员兼职合法化，取酬合法化，引导双方合理兼职，合法取酬。高校在年度绩效考评中，要将科教融合协同创新工作作为绩效可选指标，以进一步鼓励科教融合的开展。地方科研院所方面，也要出台有助于地方高校导师到科研院所兼职的相关政策，鼓励高校导师到地方科研院所兼职，以实现科教的双方深入互动，促进深度融合协同创新。

（四）出台支持高校院所科教融合的政策文件

一项重大工作的推进离不开政策的支持。科教融合涉及多个部门、多方利益，也需要政策的支持。地方政府可以针对科教融合协同创新存在的问题，以及需要支持的事项，制定相应的办法、条例和措施，从政策层面给予支持。具体而言，就是要加快研究出台高校在科研院所建立研究生培养基地的相关文件，研究出台仪器共享配套资金设置和管理的文件，研究出台科教融合人才互动交流的相关文件，研究出台科教融合资源共享的相关文件，研究出台科教融合专项的相关文件等，通过提供完善的政策和有力的措施，解决科教融合协同创新中存在的问题，将科教融合工作落到实处，提升区域科技创新能力。

参考文献

[1] 陈媛媛. 高校科研数据管理服务能力研究 [J]. 情报杂志，2020，39（6）：203-207.

[2] 柯秋胜. 关于构建高校和科研院所内部控制体系的思考 [J]. 行政事业资产与财务，2019（3）：46.

[3] 李娇，邹轶君. 基于业务驱动的高校科研经费管理模式探究 [J]. 教育财会研究，2020，31（2）：34-40.

[4] 李绍锋，林杨，吴榕芳，等. 问题与对策："一流"建设中地方高校科研管理研究 [J]. 中国成人教育，2020（16）：32-35.

[5] 李绍锋. 基于流程再造的高校科研管理模式优化 [J]. 中国成人教育，2020（11）：24-27.

[6] 梁勇，刘佳，赵娴静. 高校科研经费责任主体信用体系的构建研究 [J]. 商业会计，2022（6）：75-79.

[7] 刘飞，杨辉，李丹，等. 地方高校与科研院所开展科教融合协同创新的策略 [J]. 企业科技与发展，2021（9）：29.

[8] 刘宁. 如何构建创新的高校科研管理体系 [J]. 教育教学论坛，2017（3）：13.

[9] 卢建华. 协同创新视阈下的高校文科科研管理体制变革：理论模型与制度建设 [J]. 高等农业教育，2020（1）：36-40.

[10] 罗宇，李红昌，李亚军，等. 基于协同平台的高校教师科研绩效评价体系 [J]. 技术经济，2020，39（5）：29-34.

[11] 罗志敏. 高校科研诚信宣教机制研究 [J]. 内蒙古社会科学，2020，41（4）：156-162.

[12] 钱云贵，姜源林. 高校科研组织核心能力提升对策研究 [J]. 高等农业教育，2010（6）：13-16，38.

[13] 秦安安. 高校高水平科研团队持续创新能力的组织模式研究及启示——基于国家科

技奖励获奖团队的质性探索［J］．北京教育（高教版），2021（4）：72.

［14］秦卫平，赵美玲．科研项目管理与高校图书馆创新服务探讨［J］．科技管理研究，2020，40（18）：232-236.

［15］曲京山，张晶，李玉松．财务共享模式下的高校科研管理改进研究［J］．会计之友，2020（20）：87-92.

［16］时君友．高校科研评价管理机制的优化［J］．北华大学学报（社会科学版），2022，23（1）：111.

［17］侍丽静．高校科研经费财务管理流程的优化及“双核算”处理［J］．商业会计，2020（23）：106-109.

［18］王海燕，申韩冰，张维．高校与科研院所联合培养研究生的思想政治教育探讨［J］．文教资料，2021（10）：76.

［19］王磊，马文意，吴羽昕．高校科研团队创造力评价指标体系的实证研究［J］．科技管理研究，2019，39（19）：73-82.

［20］王磊．高校科研团队创造力的形成与提升策略研究［M］．北京：中国农业出版社，2014.

［21］魏巍，张慧颖．“放管服”视阈下教师感知高校科研管理服务质量的实证研究［J］．中国高校科技，2020（8）：17-21.

［22］沃闻达．激励机制在高校科研团队管理中的运用［J］．科教导刊（下旬），2017（21）：12.

［23］吴定会．我国高校科研项目管理动态跟踪评价体系的构建与案例验证［J］．中南大学学报（社会科学版），2015（4）：130-137.

［24］肖国芳，彭术连．创新体系国际化视角下高校科研组织变革研究［J］．中国高校科技，2020（11）：45-49.

［25］徐红，陈承．构建与实施：高校科研评价体系研究［M］．武汉：华中师范大学出版社，2018.

［26］许光文，李漫红，于三三，等．高校与科研院所科教融合协同育人探索［J］．中国高等教育，2022（1）：41.

［27］张安胜．构建高校立体化大型科研仪器开放共享服务体系实践［J］．实验室研究与探索，2022，41（6）：1-5.

［28］张茂林．创新背景下的高校科研团队建设研究［M］．北京：中国社会科学出版社，

2014.

[29] 张耀方，韩海波. 高校学科交叉科研项目组织的探索与启示 [J]. 科技管理研究，2020，40 (16)：103-109.

[30] 赵丽娟. 高校科研管理的理论与实践探索 [M]. 北京：北京理工大学出版社，2019.

[31] 任旭东，马国建. 新时代高校科研育人理论与实践 [M]. 镇江：江苏大学出版社，2021.

[32] 刘笑. 创新合作对高校科研绩效的影响机理 [M]. 长春：吉林大学出版社，2020.

[33] 刘洋，李小龙，蒋辉. 高校科研团队合著网络结构分析 [M]. 西安：西安交通大学出版社，2018.